ADELMO OLIVEIRA

Canto Mínimo
e
Poemas da Vertigem

escrituras
São Paulo, 2010

Escrituras Editora e Distribuidora de Livros Ltda.
Rua Maestro Callia, 123 – Vila Mariana – São Paulo, SP – 04012-100
Tel.: (11) 5904-4499 / Fax: (11) 5904-4495
escrituras@escrituras.com.br
www.escrituras.com.br

Diretor editorial
Raimundo Gadelha

Coordenação editorial
Mariana Cardoso

Assistente editorial
Ravi Macario

Revisão
Jonas Pinheiro
Alexandre Teotonio

Projeto gráfico e editoração eletrônica
Vaner Alaimo

Capa
Caó Cruz Alves

Impressão
Graphium

Dados Internacionais de Catalogação na Publicação (CIP)
(Câmara Brasileira do Livro, SP, Brasil)

Oliveira, Adelmo
Canto mínimo e Poemas da vertigem / Adelmo Oliveira. – 2. ed. – São Paulo: Escrituras Editora, 2010.

ISBN 978-85-7531-359-6

1. Poesia brasileira I. Título.

10-06146 CDD-869.91

Índices para catálogo sistemático:

1. Poesia: Literatura brasileira 869.91

Impresso no Brasil
Printed in Brazil

Obra em conformidade com o Acordo
Ortográfico da Língua Portuguesa

Este livro é para Gracinha.

Aos meus pais,
irmãos,
filhos,
netos
e amigos.

“no es sordo el mar: la erudición engaña”.

Soledad segunda

Luís de Gôngora
(poeta espanhol, 1561-1627)

Sumário

Grafite

O Poeta converte a chuva e o sol
Em calmaria e tempestade

Rompe a madrugada no tempo
E abre o friso claro das eras

Mistura-se ao pó das revoluções
E pede solução ao futuro

Poema Narrativo

A bomba explode no oceano
E atira lágrimas de fogo
(O homem treina para morrer)

Um canto de poesia fria
Brota mirrado entre os cardos

Ponho o ouvido no chão
E a mensagem de guerra
Me vem de toda parte

Retrato do Poeta

Para Georgeocohama Almeida Archanjo

No comício das palavras
Quebro facas de silêncio
Escuto a lição que fala
Vladimir Mayakovski

A chave na mão, destranco
A fechadura da porta
Da oficina iluminada
Vladimir Mayakovski

As palavras são batidas
Como ferro na bigorna
Nítidas como a figura
Vladimir Mayakovski

Repetidas na gravura
Como lâminas sonoras
Saltam ardentes do cérebro
Vladimir Mayakovski

Folhas escritas na mesa,
Ideias como fuzis
Recorto a face de prata
Vladimir Mayakovski

Correio da América

O pássaro está planando
– Rápido as palavras cruzam
O vento traz as notícias
– De Santiago do Chile
A Santiago de Cuba.

Telégrafo ou teletipo
Em boca se transfiguram,
As vozes se comunicam
– De Santiago do Chile
A Santiago de Cuba

Mensagem de novo código
Tinta, papel e gravura
A dor não muda é antiga
– De Santiago do Chile
A Santiago de Cuba.

Linguagem cifrada ou clara
– Flor, poesia ou discurso
A morte se multiplica
– De Santiago do Chile
A Santiago de Cuba

O trem parou na fronteira
– A fome, o medo, o tumulto
Armas de guerra inimiga
– De Santiago do Chile
A Santiago de Cuba

Devagar, o tempo avança
E afia punhais de luz
– Mãos que o itinerário riscam
De Santiago do Chile
A Santiago de Cuba.

O Som dos Cavalos Selvagens

Dentro da noite
E pelo dia
Um eco surdo
De ventania

Sobe a montanha
Transpõe o vale
– A fúria avança
– A sombra invade

Marcas no tempo
Finas esporas
– Um cata-vento
No fio das horas

Patas de ferro
Porta-fuzis
Deixa no vento
A cicatriz

Dentes de faca
Olhos de fogo
Cuspindo raiva
Do próprio rosto

Destrói cidades
E espanca a luz
Por onde passa
Finca uma cruz

Tempo de guerra
Este é meu tempo
– Cavalos de ódio
No pensamento

Dupla Face

Vidente ou cego o tempo vejo
E ao fio das horas me debruço
Quanto mais rio o lábio mordo
Quanto mais choro fico mudo

Corrente ou poço eu me concebo
Que mundo sou em dupla face
Vejo no espelho que me nego
Outro semblante que renasce

Ode

Meu corpo não é meu
Meu corpo não é teu
Meu corpo se muito for
Meu corpo será da terra.

O tempo é feito de cores
Naquilo que sentimos
Liricamente escorrer
Entre os dedos das mãos.

Nada de fantasia
A hora é toda feliz
Se depois de vivida
Tentamos reavê-la.

Nada de puro tédio
O amor é sempre o amor:
Nasce quando até pensamos
Que ele em nós pereceu.

Sinos de Dezembro

Não compro amores
Nem vendo flores
– Quebro as palavras
Na própria página

A rima é inútil
No que assemelha
Ora é um espelho
Do próprio espelho

Ora é espantalho
Dos próprios passos
Ora é a esfinge
Do que pareço

Afasto então as miragens
Que no fundo me cercam
Sombra de minha sombra
Que de mim se perdem

Não me comove
A ventania
Que varre as ruas
Comove os sinos

Sou uma criança
– Nasci crescida
Lendo as cartilhas
Da fantasia

Estrela de Natal

Quero ficar em silêncio
Na correnteza da tarde
Vendo a lágrima do tempo
Vertendo na minha face.

– É um rio escuro e miúdo
Que em mim profundo deságua
Só meu lábio seco e mudo
Ouve o gemido que passa.

Passa. E cada gota líquida
Em cristal se petrifica
Transparente como a vida
Que na morte se eterniza.

Mas, dentro do lago, o poço
Dentro do céu, a medida
Espalha raios de fogo
Em telas de fantasia.

Veste seu manto de chamas
– De penas bem coloridas
Faz de seu brilho esperança
De um pouco de cada dia.

Põe labaredas nos olhos
Sai pelo mundo e caminha
E longe, já no sol posto
Desaparece sozinha.

São Francisco de Pedra e Sal

São Francisco de Pedra e Sal
Teus olhos brancos já não movem
As almas crentes que te miram

Teu coração de pedra morta
Jaz oculto atrás do tórax
Vazio de todo sentimento

As procissões se calam mudas
Pelo calçamento das ruas
Cheias de gente e de silêncio

Ninguém quer mais cantar o ofício
De tuas preces lacrimais
– A lágrima secou nos olhos
– A crença se vestiu de pedra

Soneto da Véspera

Para meu pai, ausente

Passo de um ano ao outro – eu envelheço
A face contra o espelho agora diz
Que já não sou o mesmo e a cicatriz
Fica no tempo: É tudo que mereço

Assim, este meu rosto é o endereço
Das minhas dores. Pego então de um giz
Tento riscar um número infeliz
De aventuras – São tantas que me esqueço

Recolho a face – O espelho parte – Em mim
Cai lento um mar de múltiplas lembranças
Em todas elas sempre fui herói

Fiz guerrilha de rua contra rua
– Fui campeão de todas as corridas
– Hoje sou homem feito e isto me dói

Soneto Livre

À Maria das Graças, minha paixão inteira

Vi a manhã nascer nos teus olhos
O mar era um manto de crepe azul
– O tempo escorria entre os meus dedos
Mas na tua face um emblema nascia

Vi a estrela cair no dorso da água
Era um cavalo marinho entre as espumas
– Um peixe pássaro – lâmina de sol
Cortando a visão na claridade do dia

Vi então a tristeza morrer nas cores
Vi a solidão amortecer na praia
Vi a memória adormecer na areia

Vi a espuma cada vez mais alva
Vi a sombra cada vez mais rara
– Vi o amor nascer na tua alma

Meditação do Silêncio

Contra a dureza fria das máquinas
Contra o ruído cavo do mundo
Nasci pra conquistar aldeias
E reunir as cidades e o campo.

Profecia? Não serei profeta
– Grandes rebanhos do mundo moram
Em arranha-céus de arquitetura
E não pisam caminhos de orvalho.

As almas ficam assim paradas
Que levantam estátuas de sombra
– Não respiram porque são de cera
– Já não se amam porque são de bronze.

O gesto se perdeu no próprio eco
Cravado à fuligem das paredes
– A saliva em sal espuma a boca
E as palavras se petrificaram.

Elegia dos Deuses

Para Carlos Falck

Agora, as caravelas já partiram
Neste cais um navio ficou em chamas
As águas negras batem contra as quilhas
Ao apito sonoro das distâncias

O porto está em ruínas. Embora iluminadas
As águas estão paradas e sombrias
– Velas acesas – Círios – Um tinir de cascos
Range de espera pela noite fria

Os marujos dos deuses ensanguentados
Já dormem num paiol de estrelas fixas
Não há sorrisos nem flâmulas de prata
Navegando sobre as ondas do infinito

A voz do mar é só um eco de espumas
Que não é vento nem brisa nem flauta
Mas ressoa no espaço cortado em luas
No mapa azul de reis e de argonautas

Cantiga de Viagem

Para Carlos Anísio Melhor
Jogral
E poeta agônico

Sei que esta noite ainda é longa
E longa será
Navego na luz deste cerco infinito
Sigo enquanto espero – e não me finjo
E canto e lento me faço caminhar

Sei que esta noite ainda é longa
As estrelas dão vertigens no céu
Visto meu casaco azul de malha – e saio
De cavalo de pó e nuvem pelo espaço
À procura da face errante de Deus

Pássaro

Para Carlos Pena Filho, ausente

Eu canto e se cantar por solidão
A rosa em mim floresce no silêncio
Ninguém perturbe a paz deste momento
Em cuja fantasia eu me transvio

Muito menos turve a água desta fonte
Que bebo para o instante inumerável
– Acaso sei de mim que transitório
Sustento um pé na terra, outro no espaço

Sou pássaro de pedra sou – Jamais
Neguei de expor ao sol meu corpo duro
– Tenho postura de animal correto

Falo também a mesma língua escrita
Irmão que sou de tua solidão
Ó navegante além da mesma rota

Queixas para Éolo

Ilha ou presídio longe um barco acena
Agora navegando em outros mares
Antiga solidão a deste porto
– Isolamento e cais de eternas águas.

Ânsias de liberdade mutilada
E larvas de futuro acontecido
– Manhã azul: a quilha sobre as ondas
Risca no mapa um novo itinerário.

Navegar, navegar, constante infinda
E sempre navegar por mar e céu
– Outro porto virá além no tempo

Onde a tristeza e a solidão se apaguem
– Atrás, o barco deixa as águas negras
Afastando os perigos dos abrolhos.

Elegia das Horas

Para Vinicius de Moraes

De repente, a casa virou festa
A maré subiu na praia
– O santo desceu da cruz
Fez o sinal na testa
Olhou de lado – cuspiu no chão
E passou a contar e a repetir
Os milagres que tinha feito

De repente, a aurora se repartia
Em pedaço de cores
– Um bêbado dormia entre cacos de sonhos
– A menina deixou de ser menina
E constipou o coração

De repente, fez-se murcho o que era amor
E de cinzento o que era azul
– O verde se perdeu
– O cristal escureceu

Dobraram os sinos das velhas catedrais
– O morto não chegava ao cemitério
E a multidão se dispersou
– As mulheres expulsavam de casa seus maridos
– Os maridos pediam perdão às suas mulheres
Mas tudo isto acontecia com inocência e candura

Soneto da Morte Fingida

Aqui, perto de mim, na minha vida
Meus olhos ficam cheios de poesia
– A estrela se debruça na janela
E a lua troca a noite pelo dia

Aqui, perto de mim, na minha vida
Corre um vento de mar com melodia
– Risco do mar antigas caravelas
E a espuma se contorce em fantasia

Aqui, perto de mim, na minha vida
Existe um cais. E, junto ao cais, um porto
E neste porto existe a despedida

Levanto os ferros. A sirene apita
Um corpo bate na água e, então, gravita
Aqui, dentro de mim, na minha vida

Fragmento

Converto agora meu silêncio
Em travessia de palavras mudas
Levo notícias para os que sabem
E lição para os que desconhecem.

Tenho cravos fincados nos olhos
E correntes pesadas nas mãos
– De Santa Cruz de la Sierra
Verto olhos d'água no chão.

Es muerto nuestro Comandante.

As Bodas da Morte

Para Carlos Lamarca,
guerrilheiro morto pela ditadura militar nos Sertões da Bahia

Entre os frisos vermelhos da tarde
Eu canto a aurora

Nas colunas de mato e rebanho
Eu canto a aurora

Um fuzil pendurado entre arbustos
Eu canto a aurora

Eu canto a aurora

Uma estrela desmaia de sangue
Eu canto a aurora

E este tempo é um marco de prata
Eu canto a aurora

Toda morte é amarga e sonora
Eu canto a aurora

Aparição

Para Jardivaldo Costa

Na veia d'água
Ao pé do monte
Tem uma sombra
Atrás da ponte

Em duas pontas
O sol quebrado
Parte os sentidos
De um potro alado

Em puro sangue
O céu se banha
— Cristais de cores
De nuvem estranha

Até na grota
A cotovia
Crespa os cabelos
Da ventania

A natureza
Assim trabalha
Cortando as dobras
De uma mortalha

Na veia d'água
Ao pé do monte
Tem uma sombra
Atrás da ponte

Meu Natal de Sempre

Ficou na sombra a casa onde morei
As árvores do quintal, a ventania
E eu, ainda pequeno me recordo
Quanto chorei, quando cantar devia

Girou no céu o tempo que sonhei
– Sapato de verniz dependurado
Num saco bem vazio de esperança
– Meu barco se perdeu em águas negras

Não finjo o sonho em que me sustentei
No portal da janela de meu quarto
– As bolas de borracha coloridas
– Revólver de brincar de detetive

Meus irmãos já tiveram as mesmas coisas
Meus amigos também o que não tive
– A vida dá presente todo dia
– A dor que sinto agora não sentia

Ficou no rosto o traço que não tinha
– A solidão que sopra lá de fora
Multiplico os minutos pelas horas
E tenho as mesmas horas repartidas

Ganho então meu presente de lembranças
– Uma flor na lapela e meu cansaço
Costuro mágoas e as transformo em ânsias
E corto a fantasia em mil pedaços

O Menino e os Pássaros

Para Tude Celestino

Certo que eu fosse menino
Vinha no sopro do vento
Pegar esses passarinhos
Nos quintais deste convento.

Pulava o muro do canto
Pé descalço de mansinho
– Atrás do tamarindeiro
Vinha de corpo escondido.

Pisava na grama verde
E olhava os galhos e os ninhos
– O coração sacudia
No céu que a tarde continha.

Nunca vi tanto assanhaço
Bem-te-vi papo amarelo
Rolinhas gordas de pena
E os canarinhos-da-terra.

(Minha capanga de balas
Meu badogue de borracha
Meus olhos cheios de sonho
– A vida cheia de nada).

Certo de que eu fosse menino
E a saudade me enterrasse
Numa cova tão profunda
Pra não me banhar de lágrimas.

Poema Antigo

Esta lua o meu quarto invade
Branca, molhada de sereno
Entra na memória um caminho
Que termina onde fui pequeno.

Vaga, de luz opala verde
Entra devagar pela rua
Do menino de calça curta
– Que idade eternamente nua.

A vida, a vida passa mesmo
Nem sei quando isso aconteceu
Só sei que a lua vem bonita
Dizer que a infância já morreu.

Segunda Canção da Beira D'Água

Todo poema tem sua hora
Como a claridade do dia
Na face lírica das águas
No madrugar da fantasia.

Todo poema tem sua hora
Tanto no amor quanto na cruz
Na celebração do mistério
– O verso verte sombra e luz.

Confissão

Tua palavra é um código
Que sai
        de tua boca
E queima os meus ouvidos

Teu gesto é um crucifixo
Que me converte
A uma seita antiga
Para o culto de deuses invisíveis.

Não me toques
Te peço
Não me toques

Meu violino está surdo
E nada do que há em suas cordas
Poderá ser para sempre revelado.

Vês (não te espantes)
Meus olhos estão secos
De tanto navegar
Por lugares desconhecidos.

Minhas mãos estão crespas
                                        e apalpam
Os muros de silêncio
Que me perseguem
Com hieróglifos.

E eu te digo
            o raio que tanto fere
            me ilumina.

Mas teu corpo é uma ânfora dourada
Que não se parte
E brilha nos arabescos
De ritmos orientais.

Aproxima-te
Mas não me toques
Deixa que eu me vingue apenas em ti.

Amaralina

Vinha cortando o vento na avenida
A estrela assim não veio e a ventania
Sacudia ondas contra o rosto e a fria
Madrugada me olhou atrás da vida.

Neste mar não existe maresia
Existe neste mar grande segredo
– Era um corpo de luz que pressentia
Um mito entre as espumas no rochedo.

Era a face que via contra o espelho
Era o perfil azul dos teus cabelos
Gravados na memória da retina.

Vinha cortando o vento da avenida
No silêncio dos passos e da vida
– A flor que fui buscar na Amaralina.

Variações do Dia

Antes de dormir, eu sonho
Antes de acordar, eu rio
Antes de dançar, eu tombo
Antes de fingir, eu crio

Antes de esperar, avanço
Antes de correr, tropeço
Antes de morrer, descanso
Antes de passar, trafego

Antes de partir, não fico
Antes de chorar, não quero
Antes de pensar, não minto
Mas, depois de amar, desperto

A Flor, a Flauta e o Bandolim

Para Raimundo Barros e
Pedro Figueiroa

Saio com uma flor pela varanda
E digo num sorriso de criança
– Se finjo num suspiro de alma pura
Que sou feito de corpo e de esperança.

Se eu sinto, digo ao sol e digo à lua
E digo ao mar que azula este verão
Mas logo a melodia se desata
E solta ao vento as letras da canção.

A flor, ora crisântemo, ora lírio
É flauta. É margarida do delírio
Ou ciúme das cordas da paixão.

Esta czarda é louca e enluarada
Pinta com um bandolim a madrugada
O amor da mais eterna perfeição.

Cantiga de Alto-Mar

Vem ó vento das noites cavalgar
As ondas sem cor deste mar de agosto
Encrespado de fúria e de desgosto
Vem nas brancas areias caminhar.

Neste galope de asas pelo céu
Saltam potros de nuvens no sol posto
As espumas flutuam no teu rosto
Como patas pairando em carrossel

Vem que vem na cadência das marés
Colher pedras de sal e fantasias
Encobrindo de conchas os meus pés

Correr com passos de animal veloz
Soprar sonora a solidão marinha
E trancar na garganta a minha voz.

Noturno

Para Jeovah de Carvalho

Na minha cama de menino verde
Na minha cama de menino verde
Deitado em cobertor de antigo dorme bem
Pelas coisas que via nos olhos do passado
Aquele apito surdo de trem
Vinha montado com esporas agudas de medo

Aquele apito surdo
                    era um pregão da noite
Dentro
      gelado
               sombras negras do inverno
Aquele apito de fogo
                    e de foice
– Fantasma parado na estação ferroviária do leste
Dentro da noite de breu
Vinha montado com esporas agudas de medo

Na minha cama de menino verde
Na minha cama de menino verde
Aquele apito surdo da noite
Chamou a cidade para dentro do peito

— A ventania de pátinas sacudia os uivos do
[telhado
E a maldição apagou as últimas estrelas
Que não via
dentro da alma e do abismo
Aquele grito de máquinas a ranger de aflito
Vinha montado com esporas agudas de medo

O trem queria partir
e não partia
Era alguém que partia
e não sabia

Ruídos de patas de gato
Unhavam as sensações do mistério

O trem fugia de mim
e não partia
Era alguém que partia
e não existia
Talvez um dragão de visões de lua
Encrespando os cabelos das rodas do tempo
Aquele apito noturno do mundo
Vinha montado com esporas agudas de medo

Na minha cama de menino verde
Na minha cama de menino verde

Insônia

Avança madrugada vizinha
O sono não é o teu vigia
– O sono não chegou às pupilas

A chuva é uma vassoura fina
Varrendo por cima dos telhados

Avança madrugada sozinha
O frio corta a pele matutina
– Gritam sapos que saltam tablados
Lá nas baixadas do Rio Sapato

A chuva é uma vassoura fina
Varrendo por cima dos telhados

O vento de açoite está uivando
Uiva nas esquinas
                    madrugadas
Com medo de lembranças que batem
– Cantigas antigas de ninar

A chuva é uma vassoura fina
Varrendo por cima dos telhados

Avança madrugada vizinha
– Cigarro
joguei pelas cortinas
Das sombras da memória que vinha
Levando pedaços desta vida

A chuva é uma vassoura fina
Varrendo por cima dos telhados

Manhã

Para Gileno Félix

Manhã
um pássaro depois da noite
– Luzes cruzadas
cansadas querem dormir

Facas da noite
pontas de rua
– Ventania assobia solidão

Amor
punhais
desencantos
Ventos ofendidos de pranto
Penetrando

Chegada do Sol

Para Oldack Miranda

Verão tempo maior na estrela pura
Do céu no chão do ser da noite azul
Eu canto esta canção de tanta luz
Esses gravetos da alma e da ternura

Descanso enquanto penso além da esquina
Abrindo a flor no mar da primavera
E esqueço até que existo e que não erro
– Fantasma na paisagem vespertina

Distingo a claridade pela vida
– Distingo pela voz interrompida
A luz da face eternamente nua

Verão ou noite azul por esse mundo
– Um relógio que adianta por segundo
Os passos entre as sombras pela rua

Boiardos

Tarde serena e mansa
Esta que vem na lembrança
Vestida de afago no azul

Pétala de sombra e rosa
Sonha atravessar a aurora
Depois da Rua da Luz

As vozes da madrugada
Assustam papéis na calçada
Acordando vagabundos

Boiardos errantes cantam
Silêncio poeta e soluço
Derramados pelo mundo

Alcoolismo

Regresso
pátria dividida
Entre o sentimento e a razão

Crepúsculo de cinzas
Era um dia e um amanhecer

As flores caindo dos muros,
Se levantaram em cores de arco-íris
Mergulhadas no duplo espelho da manhã

Regresso
narciso completo
Tinta de verniz no rosto
Fantasias de assombração

A dor
Alimento do dia
Crucificada
escondendo nos cantos da rua
A ilusão

Regresso
espumas da vida
Era um sol
era a lua
Vielas
becos
copos
avenidas
Estradas de veredas perdidas
Onde o tempo é uma canção

Regresso
a alma indefinida
caiu
rolou
num rio

Soneto

Quero partir o espelho deste enigma
Que tanto me atormenta e me rodeia
Nem sei quando ele nasce ou me acontece
Mas sei que fico preso numa teia

E me deixo caído quase em sangue
Numa poça de lua em algum cais
Este mito desperta oculto pranto
Nem sei por onde vou – para onde vai

Sei que tal força vem das tempestades
Consumindo as marés num cais de pedra
Onde o mundo cortou a eternidade

Demônio ou mito pendular da lágrima
Eu me atiro na fúria destas águas
– Neste oceano onde nasceu minha alma

Retrato

Para Ernesto Marques

Na esquina do olho esquerdo
Esquecida pelo dia
Espigas finas de vento
Parecendo fantasia.

Não é oceano
                    nem orvalho
E nem lago de cristal
Repassada pelo tempo
Represada pelo sal.

Translúcida enquanto líquida
Infinita enquanto água
Este universo de frente
É o retrato de uma lágrima.

Rua U da Quadra Z

Todo dia minha casa é diferente
Um pé de carambola nos fundos
E uma flor de pinha no chão.

Todo dia minha casa é diferente
Um quintal azul de pensamentos
E um pé de murta na mão.

Todo dia minha casa é diferente
Lua amor ventos e firmamento
Abraçando as cordas da canção.

Todo dia minha casa é diferente

Irmão das Horas

Para Ângelo Roberto

Aqui estamos
para invocar antigas parábolas
– Impregnadas de silêncio
Arautos que somos
da noite e do tempo

Ali
bem ali
nas esquinas do século
Tão vazias
e que tanto percorríamos
Esculpimos verdadeiras estátuas de bronze
Com histórias repetidas de cada vida.

Aqueles amores
sim
aqueles amores
Fartos de vícios
fugas
e suicídios
Tudo.Tudo adormeceu para além das sombras.

Se era um rio
Cercaram-no de cactos as suas nascentes
Se era mar,
                    este foi sepultado pelas dores
Dentro de uma paisagem inteiramente morta.

O Verbo e as Profecias se calaram
Reduzidos
                    a um montão de escombros
                                                  e de cinzas.

É que precário sofremos com o Tempo
É que o Tempo se confunde com a Eternidade.

Ainda assim
                    as Horas se debruçam sobre as Horas
Na queda súbita da rosa
Ou nos cortiços altos de cimento
Aguardando o nascer dos Dias.

Sobre a face
                    cai trêmula a luz fina da tarde
                                                  em gotas
Gotas diáfanas
                    que molham
Estes confins azuis da alma.

Poema entre Amigos

Para D. Timóteo Amoroso Anastácio

Não
        agora não é a hora terça, Anysius
Agora translúcida é a hora primeira
A que vem devagar de um assobio da noite
Espalhar pelo chão
                        uma chuva de estrelas

Tantos
        e tantos anos juntos
                        e separados
Entre a escuridão de um mar de cicatrizes
Cuidávamos cada um de correr atrás da manhã
Dentro de um pasto de cavalos enlouquecidos.

Éramos apenas crianças
E não sabíamos de cabeças mutiladas
– Pássaros caídos em síncope de voo cego.

Aqueles abutres do caminho
Picavam saciados de alegria
Cadáveres incinerados ao sol do medo.
Pensávamos até
                    que todos os cães estariam mortos
                    definitivamente mortos
No antigo rio de águas negras.

Mas vivos
            e ferozes ladravam
                            e hiantes mordiam
Com dentes agudos de aço
A carne frágil das aves tenras.

Agora não é a hora terça
Nem segunda
                nem a vigésima quinta.

Agora
        poderemos juntos cantar
                            a chegada da aurora.

Cismas

Vagas ventanias
Dentro da alma
São tempestades
Feitas de lágrima.

Sombras de espumas
Na claridade
Arrebentam-se escuras
Na eternidade.

Vértice no tempo
De tanta dor
Meu pensamento
É só de amor.

Vertigens

Para Rizzia Montenegro,
Amiga

Lua leito de mar és infinita
Em teu redor trafegam as estrelas
Teu andar é de azul de prata e lírio
– Por favor abram as portas e as janelas

Querem-te pela força do delírio
Os olhos te vendar em cabra-cega
– Este poço é profundo
é do infinito
Nem pode andar sozinha a Estrela Vega

É tão profundo o poço deste abismo
Que se desfaz num rápido suspiro
Em síncope
desmaio
precipício

Mergulho então no mar
o céu me grita
É tão desconhecido o teu destino
– Lua leito de mar és infinita

Infinito

Para Caó Cruz Alves

Olho o infinito
Que tanto grita
Estrelas altas
De minha vida

Desço meu rosto
Por sobre a terra
O chão que piso
É uma quimera

Flores de espanto
Por tudo enfim
Por mais que chegue
Não chego ao fim

Noturno de Chopin

Para Augusto Vasconcelos

O céu é um cais de Deus
A terra
espelho de luz
O amor
alvorece o dia
– Pranto e orvalho

O tempo
e as ventanias
Cristais das águas
porto antigo
Saudade ferida
estrelas que desmaiam

Poema

Quando a plateia saiu
Morreram os sentimentos

A vida
          haste suspensa
Equilíbrio de nuvens
Se deitou numa esteira

O tempo espera as espigas do mundo
Varridas na poeira

A vida esquece a cadência dos passos
– Desfiladeiros de silêncio

Estrelas súbitas
                    profundamente azuis

As Esporas do Apocalipse

Para Timo Andrade

(...) Vem, e vê...
Ap. 6.1

Eu vi um cavalo branco
Era um cavalo vermelho
Eu vi um cavalo preto
Era um cavalo amarelo

Eu não sou Nostradamus
Mas acredito em profecias
Existo
e sou até um erro do infinito
Que transita aqui na vida

Eu não sou Nostradamus
As esferas
os signos de rotação
se truncam
São apenas canetas do mistério
Que riscam as linhas curvas da mão

Mundo
este mundo
horas de vertigens
Anjos
adventos do terceiro milênio
– Labaredas erguidas
oscilam
É um incêndio atrás das portas do abismo

Eu não sou Nostradamus
As teorias
são visões fatais de fantasia

Alfa
Absinto
Órion
Estrelas Vegas
Liturgia das Eras
e dos Dias

Eu vi um cavalo branco
Era um cavalo vermelho
Eu vi um cavalo preto
Era um cavalo amarelo

Elegias da Solidão

Para Ricardo, meu filho
(In Memoriam)

Primeira Elegia

Eu tinha medo
mas invadi o silêncio
Impenetrável da noite
Até cuspi no chão o sal da vida.

Pequenino
devagar
encontrei as luzes do tempo
E caminhei alegre
antes da aurora nascida
Os cabelos tão louros de ventania
Trafegavam na cabeça
de flor
os olhos peregrinos.

Os anjos temporários
de alegria
Adiantaram com pressa
os teus passos para o infinito
A mãe e o pai olhando a cruz do próprio enigma.

Eu tinha medo
mas invadi o silêncio
E me crucifiquei no porto
era a partida.

Tantas horas se debruçam sobre as horas
de travessia

Agora não me pergunto
nem te perguntaria
Em cada palavra de riso
em cada signo de verbo
Em cada lágrima
em cada gota de delírio.

Segunda Elegia

Eu
translúcido
corri pelo rio das areias
E na penumbra da tarde
sou testemunha da aurora

Este grito de silêncio
é uma flor da água no espelho
Uma bolha de vento sopra
alma etérea navegante
Esquecida nas veredas azuis do céu
nos teus cabelos
Tão louros de tinta de ouro

Agora vi os sonhos do mar
as eternas espuminhas
Nadando de alegria
sobre as ondas de canções da
inocência

Eu
translúcido
a lua se partiu em quatro metades
Para alcançar de ânsias nos olhos
a claridade da manhã

Terceira Elegia

Aqui
        por este caminho
Os pássaros e as estrelas em meus ouvidos
Os teus cabelos de milho
Agora se levantam neste grande labirinto.

Aqui
        por este caminho
Até o pranto e o mar se perdiam de azul
E as espumas brincavam nas areias
Grande poeira de sal e maresia.

Ontem
            tão antes
                        eu não era esperança
Crivei no peito o espinho da lágrima
Este orvalho da manhã
                                escondido de alegria.

Agora
        eu beijo em vão o chão e os pés
Uma flor
            um lírio-d'água do rio
E atônito te procuro entre as dobras do tempo
Enfim
        Eu sou a solidão nas cercanias.

Canto Elegíaco

Parei ali na praça
Pequeno de menino
Perdi as tuas asas
Voei no teu caminho.

Escrevo estas palavras
E eram como um rio
Subindo águas claras
Num leito assim tão frio

Parei ali na praça
Sereno passarinho
Deixou a minha alma
Levou um peregrino.

Que dor nesta lembrança
A sofrida esperança
Roubou o céu da vida
A lágrima partida.

Alegoria

Para Rosalvo Francisco

Enquanto o menino atirava pedras nas águas do rio
E a lua alta e branca empinava papagaio no céu
Eu lia poemas de prata do poeta Federico Garcia
[Lorca

Eram guitarras sonoras sob a lua de Fuentevaqueros
Entre circuitos alados de plumas agrestes de vento
E espelhos de água iluminados de espadas de sol

Era também um coche de cisnes que corria pelas
[nuvens de chumbo
Como pássaros que espancavam a solidão dos vales
E que iam morrer na brancura súbita das espumas

Enquanto o menino atirava pedras nas águas do rio
A tarde ficou mais alta e azul e se escondia no
[abismo
Atrás das estrelas apagadas pela esponja do infinito

Dança dos Inéditos

Cantiga da Tarde

A Fábio Paes

Águas verdes
Nos teus olhos
de verão

Não é rio
Não é mar
Nem solidão

Mas este amor foi embora
Na crista zonza da aurora
Com punhais

As Estações do Aqueronte

O rio
o mar deste inverno
As gaivotas tontas
Se debatem inquietas
sobre as ondas

E cegas se cruzam
E surdas se multiplicam
E depois
se precipitam
Na escuridão

Canção Latina

Para Francisco Pinto

Alegres e finas guitarras
Nos espigões da aurora
Gracias a la vida
Recortam canções de prata
Na solidão das horas

Montados em cavalos de escarpa
Sobre as colinas dos Andes
Gracias a la vida
Penetram sombras de espada

Mortes
        punhais e semblantes
Fronteiras incendiadas
Motins
        feridas e cantigas
No corrimão das madrugadas

Profeta
        poeta e combate
Vales de sonho
                peregrina
Recortam canções de prata
Pela América Latina

Anjo da Noite

Canta, Deusa Negra, canta.
Na volúpia do teu corpo,
Escrevo a partitura dos teus passos
Em coreografias mentais.

Canta, Deusa Negra, canta.
Os dias renasceram,
E as noites ressuscitaram
As pontas dos teus seios nus.

Intriga não manchou o teu passado
Nem borrou o carmim de tua boca
Sôfrega na lascívia de um beijo,
E tão ardente na fogueira da paixão.

Canta, Deusa Negra, canta.
Não é surda a tua voz em meu pranto
– Construí uma ilusão
Nas curvas de um vestido intensamente azul.

A madrugada anuncia em meus lábios
O mênstruo indeciso da aurora púbere
E enviesa a lua nas esquinas e becos,
Apagando as luzes dos antigos cabarés.

Canta, Deusa Negra, canta.

Soneto da Última Estação

(Mitologia Marinha)

Esta que vem do mar por entre os ventos
Sacudindo as espumas dos cabelos
Vem molhada de azul nos pensamentos
Seu corpo oculta a ilha dos segredos

Vem e dança ao andar sobre as areias
Úmidas sob os passos e os desejos
Onde as ancas são ondas em cadeias
Infinitas de luz contra os espelhos

Nem precisa de flor nem de perfume
Ela é a própria essência do ciúme
Feita de mito e se fazendo estrela

Vem – dança – e passa aos fogos do verão
– Fantasia da última estação
Explodiu na vertigem da beleza

Fragmentos de uma Metáfora

Para Affonso Manta

Os pássaros cantam
dentro do silêncio
– Rua deserta.

A face escrita
dentro do espelho
– Pesadelo – lua quebrada.

Os cães uivam dentro do peito
– Esfinge – medo.

Flor de segredo
dentro do mistério
– Os deuses antigos não morreram.

Palavras
túnicas do dia
– Lâminas da lavra
coração da vida.

Soneto da Rua dos Sobrados

Sofri a tua voz em meus ouvidos
Feridos pelo sino de Finados
Pátinas deste chão adormecido
– Canção no peito dos Desesperados

Sofri a tua voz em meus ouvidos
Chorando na goteira dos telhados
Destila solidão esse gemido
– Canção no peito dos Desesperados

Então morri de mim entre penhascos
– Fugi pelas veredas de menino
– Subi atrás da Rua dos Sobrados

E de tanto subir cheguei aos astros
Lá no degrau das portas do Infinito
– Canção no peito dos Desesperados

Fragmentos de um Monólogo

Para Gustavo Falcón

Passos da vida
encontrei
No cais das areias
o cansaço

Zonzo
dentro dos espelhos
acordei
Orfeu enlouquecido
À procura nervosa dos beijos perdidos
em meus braços

....

Ânsias de amor
nas trevas delirei
– A lua se partiu em pedaços
Contrariando os signos da Paixão
(Estrelas variadas trafegavam
Direções opostas e desconhecidas para o Abismo)

Desesperado
                  o mar
                            com barbas e fauces de horizonte
Correu atrás de mim
                              e vomitou
Destroços de barcos naufragados
                              entre algas e sargaços

....

Passos da vida
                      não perdi
A flauta no reino das sombras
Nem destruí a lágrima
                               no coração da Memória

Habitante da Rua do Silêncio
Eu me tornei assim
                            profeta da Ilusão

Fragmentos da Criação

A Roberto Copello

Madrugada
orvalhou a luz do dia

No sonho
um bando de borboletas
espanta
gatos e bichos pelos corredores da
infância

Os pássaros
os ventos
os meninos
Acordam Narciso no espelho d'água dos rios
(Trêmulas flores nas margens)

O sol se levanta
no voo das gaivotas
– Lambe as crinas das espumas
– Os ninhos ensinam a canção da liberdade
– Súplicas de amor pelos cantos do mundo
E a máquina celeste roda o arco-íris do dia

Depois

Nos escuros da alma
cavalos de fantasia – delírios
– Máscaras de palhaço que assustam a visão dos
[vivos
– Esfinges que ressuscitam ao acaso a solidão dos
mortos
(Não existe Poeta só de palavras
– Ele ouve o rumor do silêncio
– Penetra a ambiguidade das sombras)

••

Andarilho dos pensamentos e das sensações
argonauta
Decifra teogonias antigas
Ultrapassa a vertigem na súbita fatalidade
– Distraído
capta os símbolos do tempo
– Memória dos seres e das coisas

....

Profeta das utopias
Marca no corpo cicatrizes pela alma
– Navega barcos – pandas caravelas
naufrágios
E caminhando
deixa nos passos
labaredas de loucura
– Pesadelos que rondam o Grande Teatro das
[Dores
e a própria Eternidade

Ortígia ou a Ilha das Codornizes

Ao poeta Ildásio Tavares

"O mundo era estreito para Alexandre
Um desvão de telhado é o infinito
para as andorinhas".
Machado de Assis

Delphos está ali – As ilhas gregas
Sopradas no silêncio da memória
São barcos que parados na penumbra
Esperam o clarão dos dias e das horas

Delphos está ali – O deus da luz
Celebra o mito das constelações
– Apaga na alma a escuridão das trevas
– Revela a perfeição nos véus da sedução

... depois do céu azul das codornizes
os espectros alados vão pousar
seus vultos nos anéis de chumbo de Saturno

Utopia? Não – Delphos é aqui
– Nem os deuses beberam deste vinho
Para proferir as últimas profecias

Conversa no Silêncio

Ao poeta mais triste de Portugal

... pois que entre mim e o Douro e tão ainda
Entre este vinho e o Porto o coração
A encontrar-se na dor da solidão
– Mistério daquela tristeza advinda

... mas que são dialetos da Poesia
Falados com franqueza de paixão
Cantados pelos versos da ilusão
– Tamanho adolescente do meu dia

... tudo que foi ou tudo que será
Entre uma dor aqui – fel acolá
– Navegador que sei de minha vida?

... somos todos razão travada e fina
De não se ter razão nem preferida
– Razão do mundo é fado – e fado é sina

Elegia da Cruz

Nos muros brancos deste cemitério
As flores se debruçam de soluço
– De dentro
                    alteia-se uma cruz de pedra
Espiando as pessoas pela rua

Nos muros brancos deste cemitério
O bem-te-vi como a pregar de um púlpito
Celebra a liturgia do mistério
Incensando de cinzas o crepúsculo

Os sinos tocam nos beirais da noite
Alta
     a cruz branqueia as visões da morte
– Cânticos se elevam da terra aos céus

De tão surdo
                 o silêncio é de granito
As estrelas acendem o infinito
Transfixam a alma e a solidão de Deus

Uma Voz Dentro da Noite

Assim
        quero te beijar
                        escondido
Atrás de tua porta
Para que fique
                o gosto do pecado
Gravado eternamente em tua boca.

Depois
        a minha ausência
É um gesto esculpido no silêncio.

Na memória
                aceitarás a absolvição do tempo
Até que a morte ponha em tuas mãos
A derradeira flor.

TRÊS POEMAS

ADELMO OLIVEIRA
Tradução de: ILDÁZIO TAVARES
Ilustrações de: NACIF GANEM

TRÊS POEMAS
ADELMO OLIVEIRA

O futuro
não virá por si só
se não tomarmos medidas

Vladimir Maiacovski

CANTO AGRÁRIO PARA O TEMPO PRESENTE

"Rintrah roars & shakes his fires in the burdern'd air;
Hungry clouds swag on the deep".
William Blake

Convido-vos, amigos, a preparar a terra
O campo está novamente inculto
O tempo quis esta divisão de fronteiras
E, agora, o que vemos
É êste grande deserto:
Plantas agrestes
Cactos
Vegetais de maninha duração
E parvas figuras
Dominando outeiros, vales e colinas

A manhã é um crepúsculo
Onde circulam pássaros
De vôo rasante.

O vento até mudou de direção
A agulha não aponta para o Norte
A bússola partiu-se: era de vidro.

Diante dos olhos:
Um montão de cinzas
E de rosas mutiladas
Por tôda parte:
Lírios pisados
Por sapatos de ferro;
Entre os dedos:
(Visão perplexa)
Um embrião natimorto
Fruto da primeira esperança

Além, um horizonte vazio
Embaixo, um mar coalhado de insetos

A luta renasce, porém
Como uma flor de sangue
Entre duas fronteiras.

A palavra semeada
Inscrita nas ruas
Sob o calor do trabalho
Não foi colhida
Permanece intacta
Suspensa no ar
À espera da colheita
Que pode surgir.

SONG OF THE PRESENT SOIL

I invite you, brothers, to prepare the soil
The land is incult again
Time wanted the division of walls
And now, we can see nothing
But this great wasteland
                wild plants
                        cactus
                torn and twisted vegetation
                and clumsy silhouettes,
                overlooking hills and valleys.

The morning is a sunset
Where birds, flying low
Circle around.

The wind even changed its course
There is no more North
The compass was broken, it was only glass.

Before the eyes,
A huge pile of ashes
And mutilated roses;
Iron shoes trod on tiny lilies
Everywhere;
The fingers grasp
(Bewildering vision)
A deadborn infant,
Fruit of the first hope.

Beyond, an empty horizon
Below, a sea quick with flies.

Yet, the fight revives,
Like a bleeding flower
Spreading between the walls.

The word has been sown
And carved in the streets,
Under the heat of strife,
Just sown, and now it hovers
In the air today,
Untouched,
Waiting for the time of harvest
That may be near.

BILHETE, EM PROSA, A LEOPOLD SEDAR SENGHOR

Estamos pobres de liberdade
E precisamos de tua palavra, Senghor

Aqui, como no Senegal
Estão pisando sôbre nossas sementes
Tentam, por acôrdo de amizade, convencer o mundo
De que somos um pedaço de terra
Dentro da geografia, mas fora da história
De que nossas famílias já se acostumaram
A viver sob o jugo das nações mais fortes
De que somos a lenha
para alimentar a fornalha
De que somos o minério
para fortificar os arsenais

Estamos pobres de liberdade
Mas, a hora é de fazer cair o mêdo,
Não podemos suportar o pêso
Que as gerações, século após século,
Não conseguiram abrandar —
As marcas estão tôdas aí
No corpo, na língua e nas vestes.

Todavia, o Atlântico nos une cordialmente
(Miramo-nos em idêntico espelho
E temos os mesmos dons para o sofrimento)

E tu, Léopold Senghor
Não representas mais, ùnicamente
O Senegal libertado
És, agora a cabeça de um grande corpo negro
Êste corpo de que fazemos parte
E que marcha para o mundo da esperança

MESSAGE IN PROSE TO LEOPOLD SEDAR SENGHOR

We ran out of liberty, Senghor
And we must listen for your word.

Here, like in Senegal,
They trod on our planted seeds,
They try, so friendly, to convince the world
That we are just a piece of land,
Part of Geography, out of History,
That our families have gotten used
To living under the chains of the stronger,
That we are the brushwood
which will feed the fire
That we are the ore
which will strengthen the guns.

We ran out of liberty
But now the time has come to release
The burden of fear we cannot bear,
That the generations, for centuries,
Could not even make lighter, —
Our bodies, our tongues, our clothes,
Are here to show the scars.

Yet, there is an ocean to link us cordially
(We look at ourselves in the same mirror, and
we were equally gifted for suffering).

And you, yourself, Leopold Senghor,
You do not symbolize only
The freed Senegal
You are the head of a great black body
Of which we make part
Marching toward the world of hope.

PEQUENA CANÇÃO DO PORTA-ESTANDARTE

"Não faz mal que amanheça devagar
As flôres não têm pressa nem os frutos!"
Geir Campos

Escrevo teu nome
Nas paredes e no chão
Nos passeios, nas esquinas
E nos muros do cais
Escrevo teu nome

Não é sêde de vingança
Não é ânsia de terror
Não é fuga ao desvario
Não é escape de angústia amorosa
Nem murmúrio de sentimentos dissolutos

Escrevo teu nome
Em pleno hall das casas pias
No pátio dos conventos
No frontispício das igrejas
E, também, nos lugares
Em que a inércia
Brota como planta daninha

Avise ao amigo
Ao vizinho, ao soldado
Ao funcionário público
Aos presos, aos proscritos
Aos operários em geral
Ao camponês
(Ao camponês, em particular)
Que partam o silêncio
Que saiam do seu mutismo
 da sua indiferença escravizada
  que fabrica amargura
E subam à tona das ruas
Para escrever o teu nome

Diga-lhes que o caminho é amargo
 que o alimento é o próprio sacrifício
 que a morte é uma sementeira
 onde a mutilação dos corpos
 servirá de adubo
 para integração da nova batalha.

Diga-lhes, também, que a esperança
 está com a juventude
 pronta, unida
 para abertura da marcha
Escrevo teu nome
Como quem lança a semente
E fica à espera da colheita

Escrevo teu nome
Como quem vê no sangue
A fôrça pura da vida

Escrevo teu nome
Como quem prega a paz
E busca a felicidade

LITTLE SONG FOR A FLAG-BEARER

I write your name
On the walls, on the ground,
On the side-walks, on the corners,
On the waterfront
I write your name

Not that I thirst for revenge,
Not that I'm anxious of fear,
Not that I flee from despair,
Not just to escape the anguishes of love
Nor as a whisper of scattered feelings.

I write your name
On the halls of the charity institutions
On the patio of the convents,
On the façade of the churches,
And also wherever
Inertia sprouts
Like an evil weed.

Warn your friend,
Your neighbor, the soldier,
Warn the public worker,
Those who are in prison, who are exiled,
The workers in general,
The farmhand,
(Especially the farmhand)
That they must tear the silence
That they mustn't be dumb, they must break out of
Their enslaved indifference
Which generates the bitterness.
And that they must emerge in the streets
To write your name.

Tell them that the way is worn and sour
the food is the sacrifice itself
Death is a sown field
Where the mutilation of the bodies
Will serve as fertilizer
For the integration of the new battle.

Tell them, too, that hope
marches along with the youth
ready, united
To open the parade.

I write your name
Like one who throws the seed
And wait for the time of harvest.

I write your name
Like one who sees in the blood
The pure power of life.

I write your name
Like one who preaches peace
And searches for happiness.

NOTA BIOGRÁFICA

OLIVEIRA — (José de) — Adelmo. Nasceu na cidade de Itabuna, Estado da Bahia. Fêz seus primeiros estudos no Ginásio Augusto Galvão, na cidade de Campo Formoso, no mesmo Estado, onde, em 1951, fundou um jornal - de vida efêmera tendo nele publicado seus primeiros trabalhos.

Revelando sempre interêsse pela literatura, especialmente poesia, estreou com um livro de poemas "O Canto da Hora Indefinida" Capa em xilogravura de Calasans Neto - Artes Gráficas, 1960 (Fora do mercado). Começa, então, a publicar ensaios, poemas, artigos nos Suplementos Literários do Jornal da Bahia e Diário de Notícias, chamando à atenção de curiosos o ensaio crítico intitulado "Na róta de Mira-Géli" e que se refere a uma tríptica interpretação do poema cíclico de Jorge de Lima "Anunciação e Encontro de Mira-Céli".

Em 1962, venceu, em primeiro lugar, o Prêmio Nacional Luís de Gôngora, instituido pelo Govêrno da Espanha, no Brasil, para comemorar o quarto centenário de nascimento do poeta. O trabalho premiado intitula-se "Gôngora e o Sofrimento da Linguagem" (Júri: Manuel Bandeira, Austregesilo de Athayde, José Carlos Lisboa e Pio de los Casares).

Vem dedicando-se, últimamente, à pesquisa da literatura baiana e participa de um movimento de renovação cultural, o qual entende que "a arte não é uma cópia pura e simples da realdade", mas que "deve ter dinâmicamente a sua própria dimensão", pondo, em denúncia, a submissão, a opressão e a ausência de liberdade.

Na data de hoje, 8 de dezembro de 1966, cola grau em Direito pela Universidade Federal da Bahia.

Poemas da Vertigem

Abertura

Monólogo das Visões do Acaso

Para Jorge Portugal

Abro a boca das palavras
Sou a fala
Sou o grito
Sou um eco de silêncio do infinito
que perturba a razão deste enigma

Abro a boca das palavras
Sou a voz de um planeta aflito
– De carne
– De osso
– De espírito

– Espelhos do corpo e da alma
Sou um código que multiplica
estrelas andarilhas

Abro a boca das palavras
Sou mais treva que dia – sou o mito
Sou a multidão que delira
num palco que gira – que gira
entre a volúpia dos sonhos
o terror das máscaras
e o trânsito das coisas vazias

– Sou na paisagem veloz
um comboio de vagões
correndo atrás da fantasia

Mas
sentimentos são vísceras
– De cada paixão
– De cada amor
– De cada cicatriz
saltam milhões de travessias
E nem é preciso acordar no céu
os dragões da lua
E nem é preciso cravar na luz do peito
uma flor

Sentimentos são vísceras
– Se caio sobre um lençol de espumas
– me crucifico
– Se mais eu grito – a eternidade me confina

Enquanto a noite abrir a porteira dos dias
e pensar o coração
O verso nunca termina
– Da imaginação
nasce o ritmo e a melodia
– Poesia é a matriz dos sonhos e dos delírios
Cálice que derramei de vinho
na fronteira da página que lia

Abro a boca das palavras
– Acima ou abaixo dos anéis de Saturno
Do telescópio à periferia
Sentimentos são vísceras
– Trapézio que a mão trepida
sobre um fio de lâmina
Que equilibra – que equilibra
o impulso trágico da vida

Soneto das Acácias

Vinde a mim, ó acácias amarelas
Candelabros de ouro – vitrais de sol
Flores atravessadas na varanda –
Calêndulas perpétuas do nascer

Estes olhos que me olham pelo espelho
Esta camisa de xadrez ao vento
Este verniz do tempo nos cabelos
Comoção de luar do acontecer

Esta visão que vem da noite vasta
Violinos azuis da madrugada
Beleza que desiste de morrer

Vinde a mim, ó acácias amarelas
Caravanas de luz entre as estrelas
Vestígios de ilusões dentro do ser

Balada de uma Canção que Morria

> **"A efígie apocalíptica do Caos**
> **Dançava no meu cérebro sombrio".**
> Augusto dos Anjos

> **"With such name as 'Nevermore".**
> Edgar Alan Poe

Altino Soares
– O Rio do Ouro secou
Um galho de pau d'arco arriou
        à beira do caminho
– Aquela estrada antiga não chegou
        até o Morro da Velha

Meu Pai dizia
– Menino
            as estrelas variaram no céu
            as veredas já cruzaram o destino
Ainda ontem
            o relâmpago incendiou o boqueirão do
                                                            [dia
reduzindo escarpas de pedras
            em torrão de cinzas

Noite de breu
um cargueiro rangia
nas curvas molhadas dos trilhos
assustando o medo de assombração
nos esconderijos das Grotas da Guia

Altino Soares
O zabelê na tarde cantou onde eu não existia
Longe
nas travessias do pensamento
Espíritos da maldição rondavam o Sítio da Finad
[Gutard
Onde cães ferozes
em vão
latiam contra a palidez da lua
De repente
na Serra do Tombador
um espantalho jogou os braços pelo ven
– Um grito partiu ferido
gelado
da vertigem das alturas
E caiu
de queda súbita
num poço escuro
de águas mortas

Depois
Depois
o silêncio escondeu a solidão
atrás do Morro da Velha

(Os espectros são mentiras da realidade
– a luz da visão confundiu os espelhos
Um gesto se fez retrato de memória
– A fantasia interpretou a ilusão)

Altino Soares
– O Rio do Ouro secou
O zabelê na tarde cantou onde eu não existia
– A loucura riu de mim
Aquela estrada antiga não chegou
até o Morro da Velha

Soneto do Último Tango

Aquela que passava pela vida
Dançava na vertigem dos desejos
— Vertigem que nasceu dos olhos negros
Fincando os pés no chão da melodia

Aquela que brilhava como o dia
Vestia-se da noite nos cabelos
Tinha o sexo na luz contra os espelhos
— Metáfora da imagem seduzida

Mas tudo desabou dentro do peito
— A flor do baile desfolhou no leito
Fingindo a dor nos vãos de um picadeiro

Bandoneon correu atrás da lua
— A louca já dançava pela rua
Sobre as ondas do mar do desespero

Três Fragmentos

I – Os Perfumes

Alta – veloz
A nuvem passa diante dos olhos
E vai repousar iluminada
no fundo da tarde
Uma voz atravessa a parede e diz –
Todas as minhas vestes estão limpas
Basta agora jogar os teus perfumes
sobre os lençóis

II – Os Fantasmas

Os fantasmas andam
E desandam pela casa
– Perseguem minha sombra
E meus tormentos

Discutem filosofia com o silêncio
E adoram ouvir na escuridão do pátio
Quebrarem-se espelhos e vidraças

III – O Cobertor

Sob um teto de manchas da Via-Láctea
Posso fazer do céu
Um cobertor de estrelas

Minhas pupilas acendem fagulhas para a distância
E nem o coração parou de bater

Soneto

A Pedriles Gonçalves

A palavra é senhora do silêncio
Desperta melodias no mistério
Espalha fantasias pelo cérebro
Ou sangra o coração em desespero

Se diz em confissão o mal que é feito
A dor que punge cura o sofrimento
Mas se destila fel como veneno
Tal rancor incendeia o mundo inteiro

Ó poetas que passais comigo ao lado
Proclamai a beleza das palavras
– Usina livre da imaginação

Senhora dos oráculos dos templos
A palavra é a voz do pensamento
– Fazei deste silêncio a perfeição

Vórtice

Natal,
vitrines do mundo
Desejo guardado nos espelhos
– Perfume secreto num lenço de carmim

Existirá outro lugar depois do Céu?
A humanidade é pobre!

Por cinco vezes
Ouvi uma mulher uivar
nos portais da escuridão
Por cinco vezes
Eu vi sob a lua
um espectro espancar
a loucura nos arvoredos

Será que a lucidez subitamente se desnudou
sob um escasso véu?
– Lanterna morta à beira da lagoa
Ou Grande Mar que atira gaivotas
contra os rochedos de um cais?

Existirá outro lugar depois do Céu?

Natal,
noite alta – estrelas frias
– Acima de meus olhos então gravita
o desespero das distâncias que de mim fugiam

Soneto Antigo da Paixão

Cheguei depois de mim – Era a viagem
Os pássaros do medo – O fel dos dias
O enigma encarcerado – As travessias
de silêncio no vulto desta imagem

toda sombria friamente lívida
caindo no mistério – Esta paisagem
noturna sob a lua era a miragem
de espectros pelo grito que partia

transverso da garganta do meu peito
– Guitarras que choravam – Contrafeito
me enredei no delírio da ilusão

que apunhalava a dor desta perfídia
ágrafa da manhã – Então morri
– Vi minha alma sangrando de paixão

Estilete

Os outros
tomaram as minhas mãos
e escreveram por mim
as palavras que nunca proferi

Os outros
furtaram os meus sapatos
e caminharam por lugares
onde nunca andei

Os outros
apontaram a minha cabeça
e publicaram delitos
que jamais cometi

Os outros
arremeteram contra mim
um estilete – signo maligno
para estiolar o coração

Os outros
ah! os outros são todos os que por mim
[passaram
e nem sequer viram
a noite morrer de manhã
nos quintais da minha casa

Poema

Sob tuas vestes brancas
Carregas um coração vermelho

Por onde vou no silêncio
Sempre existirá
Uma réstia de luz
Descendo das nuvens
Sobre o céu de minha cabeça

Na ânsia de andar
O orvalho refresca os pés
Saídos a pouco
Da quentura de teu corpo

Atento ouvirei
A voz diáfana
De um pássaro
– De penas molhadas
Sacudindo a solidão
Da madrugada

Descobrirei
No prisma do cristal do dia
A casa da rosa vermelha
Escondendo os segredos da vida

Ponte sobre o Rio Sapato

À Maria da Conceição Paranhos

Aquela garça solitária e triste
me trouxe um mito da memória agreste
– Pura tão pura quanto o puro existe
de azul tão azul mais que o azul celeste

Aquela garça solitária e triste
comeu o pão da solidão que veste
as asas da paixão – e de tão triste
caiu no sítio de um dragão pedestre

Pura tão pura quanto a flor que existe –
Aquela garça solitária e triste
morreu de amor num coração agreste

– Mito ou segredo de que nunca ouvistes
Borbulhas presas de um vulcão terrestre –
Espelho d'água dos meus olhos tristes

Fragmentos da Noite

A lua que de longe no caminho
Alumiava a sombra dos meus passos
Dividia o silêncio dos compassos
Nas canções de viola e cavaquinho

E zonzo – aquela voz pelo caminho
Prendia a grande noite num abraço
– A noite que fingia de cansaço
Passando vaga – derramando vinho

Acima da cabeça ouvia os astros
E via dentre os anjos uns penhascos
De nuvens – um tremor de desvario

E depois da ilusão na madrugada
Meu rosto se desfez – fez-se de lágrimas
– Era a vida – e corria como um rio

Coração Deserto

Ao poeta Gustavo Felicíssimo

"Os próprios deuses não são alegres para sempre".
Herman Melville

Desde menino
Um velho coração
Me acompanha das sombras
E vigia meus passos

E me dizia que em algum lugar do futuro
Eu vestiria uma rosa no peito
Ou ganharia no chão da vida
Um troféu de herói

– A ilusão tem um telhado alto
Que avista o primeiro sol
Que avista a primeira lua
E vê primeiro
A vertigem das estrelas sem-fim

– Em outra paisagem –
A ilusão nascia do medo
– Era uma coruja de frio
Riscando um sorriso na cara

E os anos se foram

– Se o limo é a poeira da água
A dor é a ferrugem do tempo

Aqueles olhos de menino
– Olhos cheios de sol
Agora são tarântulas de fogo
Que dançam
E se batem na luz do espelho
E queimam de silêncio
As paredes sombrias do quarto
Como enigmas de um deserto coração.

Dever de Casa

Ao poeta José Inácio Vieira de Melo

Eu sou um velho ator sem palco e sem plateia
Que traz no cais do peito antigas ilusões
E do pouco que sabe interpreta lições
De palhaço que alegra os meninos da aldeia

Basta o dia raiar pelas bandas da aurora
– Levanta – bate a porta – e vai ganhar a rua
Tropeça no silêncio em que flutua a lua
– Restos de solidão caminhando lá fora

Esqueço a dor – o espelho – as marcas do meu
[rosto
– Produtos do salário em que se paga imposto
Cobrado pelo tempo e pelas fantasias

Andarilho do vento atravessando o acaso
Deixo a tarde no céu – o meu relógio atraso
E assim faço de mim a profissão dos dias

Morte dos Dias

Quebrou-se o mar do antigo encantamento
Foram-se as velas no alto das espumas
– Foram-se as ilusões do pensamento
Como visões de adeus num cais de brumas

Deste mar a cidade anoitecia
– Estrelas devoradas de lamento
O que era flor o sol apodrecia
– O que era amor servia de tormento

E neste mar salgado que é a vida
A mágoa deste pranto é uma ferida
Aberta pela dor de um desvario

Ó morte dos meus dias! Que lembrança!
– O tempo carregou minha esperança
E fez meu coração ficar vazio.

Palavras de um Andarilho

Inscrição na Pedra

Enlouquecidos
Os cães partiram soltos pelas ruas
Os automóveis desapareceram
– A Terra viu um rastro de cometa riscar o
[infinito
– A noite foi tomada por relâmpagos de estrelas
E ninguém conseguia decifrar os enigmas

I – O Silêncio

Se eu pudesse escrever o silêncio
Criaria uma nova língua
– Uma gramática de signos
Signos a compor um espaço do nada

Se eu pudesse escrever o silêncio
Viajaria no deserto
Consumindo distâncias e miragens
Para decifrar o segredo

Se eu pudesse escrever o silêncio
A imagem nasceria atrás do espelho
– A morte falaria
E em seu redor não cresceria a ferrugem do tempo

II – Os Delírios

Expulsem de mim os delírios
A Terra foi varrida por um turbilhão de ódios
– As veias extravasam músculos
E mancham de sangue as cortinas
deste palco

Venho do genoma na cadeia de milênios
E tudo que sou e sempre do que fui nunca serei
– Homem-Enigma eu me dissolvo em pó de argila
Regido pelo terror dos céus e pela angústia
do acaso

E vede amigos que até rio do brilho do sol
Para quebrar a morbidez da lua
– A história é tão sinistra que se oculta atrás da
[porta
Onde o grito da metáfora transpõe o ritmo
dos astros

Expulsem de mim os delírios
– Sou um átomo de luz nas trevas
A tropeçar em vão no chão das horas
Que repetidas se propagam na vastidão
do nada

III – A Morada

Minha morada são os caminhos
– Nas cidades fico à sombra dos parques
– Nos ermos à beira dos rios
– Nas montanhas sou pastor de solidão

À noite entro na casa dos delírios
Onde os sonhos se esvoaçam
E o terror é causado no cérebro
Pela vertigem da Via-Láctea

A manhã põe em fuga as andorinhas
Que vão desaparecer no crepúsculo
– A porta do céu não é o paraíso
Onde queimo os pés nas pedras do caminho

Fragmentos de um Devaneio

Ao poeta Florisvaldo Mattos

"Beauté sur mes genoux.
Et j'ai trouvée amère. – Et je l'ai in injuriée."
Arthur Rimbaud

Lua
carruagens de prata
Puxadas por cavalos
Nas colinas
do amanhecer

- -
- -

Um dia
não esqueci as luzes do passado
E nem o gênio obscuro do meu cérebro
se iluminou
Encoberto pelas névoas do acaso
– Abdiquei o trono da Beleza.

Troquei as homilias da Bíblia
as teogonias de Hesíodo
os cantos de Homero
Pelas metáforas agudas da Paixão.

Aprendi línguas – dialetos
doutrinas diversas
Folheando tratados
encerados pelo verniz do tempo.

Trágico
anoiteci nos becos e vielas da luxúria
debaixo de um céu de diamantes espalhados
pelo terror enigmático do infinito.

Ora lúcido
Ora bêbado
enterrei sob as pilastras do Coliseu de Roma
os ossos de Nero.

Por onde andei
Enganei as ilusões
– As violetas floresciam nos quintais.

Parti
        na penumbra de todos os silêncios
Atravessei os desertos da África
                                        até Áden
E fui morar
        entre cinzas
Na cratera de um vulcão extinto
Onde as plantas não nasciam na terra
E o calor se aproximava do sol.

Traficante de aventuras a fio
Eu me tornei um guardador de moedas
Por avareza de sentimentos
E orgulho da alma.

Depois de rico
Fiquei pobre de vida
E na penumbra de todos os silêncios
Voltei
– Arqueado sob o peso de um cinturão de ouro
Mais velho que os dias da morte
Além das marés lavadas de chuva.

Quando eu morrer
Vou invadir o céu
Montar na cauda de um cometa azul
Arrastando correntes de estrelas
E escrevendo no espaço
Os versos de uma canção de amor.

Lua
        carruagens de prata
Puxadas por cavalos
Nas colinas
                do amanhecer.

Soneto da Visitação do Caos

A Miguel Carneiro, amigo e poeta
do reino da ficção

Armagedom!...
Armagedom!...

Quando eu morrer daqui a dois mil anos
Nem queiras te lembrar do que vivi
Tu sofrerás as penas que sofri
Espumas que se quebram pelos oceanos

Quando eu morrer daqui a dois mil anos
Tua imagem será a que perdi
A minha dor será a que senti
Julgada e condenada pelos desenganos

Metáfora sinistra do meu cérebro
me tornarei viajante do Universo
como uma sombra atrás de um pesadelo...

Armagedom!... Armagedom!... Sobre os penhascos
cavalos voam incendiados pelos cascos
ateando fogo nos planetas e nos astros...

Elegia do Largo dos Quinze Mistérios

Noite
Obliquamente a noite desce
– O infinito atira para dentro dos olhos
A maré das primeiras estrelas

– No outro lado da rua
Fica o muro da casa vazia
Onde atrás do silêncio
Oculta a voz

Pálida
– Um raio de lua
Faz da lágrima
Um espelho

Noite
A noite veste sua fantasia
– Carrega nas sombras
A volúpia da vida

Longe
Na cidade maldita
Os demônios dançam
Os espectros choram
As guitarras deliram

Do outro lado do tempo
A canção é vazia
– A paixão é morta
– A estrela é fria

A palavra
A palavra é só a solidão escrita

Balada dos Erros de um Profeta

"Joys laugh not! Sorrows weep not!"
William Blake

"Man, an explosion
walking through the night
in rich and intolerable loneliness".
Walt Whitman

Trago para dentro do mundo
Longos dias sem manhã
Longas noites sem aurora
– Estrelas caídas de bruços
No vazio

Trago para dentro do mundo
A Voz – signo obscuro do medo
Grito de silêncio devorado pela esfinge
– Pedra – enigma da mente
Na vertigem

Trago para dentro do mundo
O Sol – zodíaco das trevas
– Touro selvagem empalhado
Cuja língua vomita da boca
Sangue coagulado

Trago para dentro do mundo
A Terra – bólide errante das esferas
– Assobio de náufragos e transeuntes cegos
Que trauteia um eco surdo nos ouvidos
E nos passos que se perdem

Trago para dentro do mundo
A Lua – corvo branco da noite
Que ludibria o terror das sombras
Que dissimula a morbidez da loucura
E afia seus punhais contra o desespero dos dragões

Trago para dentro do mundo
Este navio sem origem
– Este porto sem mar
Cuja âncora atraca na raiz das ruínas
Arquivos de ilusão

Trago para dentro do mundo
Aquilo que é o meu corpo
Aquilo que é a minha alma
– Sopro veloz de um único suspiro
Entre o início do princípio e o ocaso do fim

Silêncio e Memória

Poema da Rosa

A rosa nasceu
Da contração da manhã
No útero da noite

E as palavras chegaram
E anunciaram
O sorriso do medo

Olhos abertos
Sob o teto azul
– O menino ouvia
O barulho das estrelas

Fragmentos de Memória

Minha infância é uma cidade rica
Minha infância é uma cidade pródiga
Ainda que eu tivesse nascido pobre – pobre
– A chuva nunca deixou de cair sobre minhas
[sementes

Sempre que o coração pedia
E a imaginação brincava
eu fazia dos cabelos
a cortina dos meus olhos

Logo de manhãzinha
lá depois das montanhas
eu acendia o sol
De noite – na boquinha da noite
riscava o fósforo
e de candeia na mão
acendia a lua e as estrelas

Deixei de sonhar?
Atirei pelo muro minha boiada de ossos?
Correu do espelho o Cachoeira – o Poço do Primo
onde pulei de ponta agulha nos peraus?
E no breu do mundo?
Não verei o bezerro de ouro
cruzando o pico noturno da serra?

– Penso de mão no queixo
Outra paisagem da janela
Longínqua como estrela
Através da cerração

Desconfiado das sombras
Cheio de vertigens mortas
O destino ficou menor

– Somos o caminho que percorremos

Canção do Porto das Barcas

Este mar
Que um dia
Banhou de azul
Um corpo de menino
Encobriu de espumas
A lágrima da memória

Brancas areias
Penteadas
Pelos ventos do silêncio
Encheram de inocência
O coração dos pensamentos

O Pássaro então
Levantou voo
Do Porto das Barcas
– Último abrigo
Levando consigo sob as asas
Um segredo presente nestas águas
Para a nudez da visão no infinito

Fragmentos de uma Elegia

Areias.
– Ruas que são caminhos
– Estradas que são veredas
– Estrelas que distraídas brincam
de cair no céu

Teu retrato de menino,
vestes brancas,
olhos fixos de inocência
...lembro as costas dos meus dedos
do lado do teu rosto
...meu corpo a te servir de termômetro
consumindo as tuas ânsias
pelas noites
até última visão do alento...

Longe – nos ouvidos do silêncio
um peixe bateu na outra margem do rio
a chuva tremia o clarão da lua triste
os pássaros desertaram dos dias
o futuro escureceu

– Os velocípedes fugiram para dentro da noite
– Mudos
        os realejos tocavam uma surda melodia

Desamparado
    meu coração de cinzas
    desceu os degraus de tua ausência...

Natal...
Cada um faz da lágrima
a medida de sua alegria
ou memória de uma dor...

Inverno

Pelas goteiras do telhado
Meus olhos invadem a escuridão
– Espíritos da noite vagueiam becos e esquinas
Assobiando o ritmo da ventania

Em cada ponta de rua
Um guarda-noturno apita
– Sapos vigiam postes de luz
– Mosquitos praticam acrobacias

Pelas arcadas do tempo
Minha alma é vazia
– O medo engole os cabelos
De zombaria

(... demônios perseguem
morcegos enlouquecidos
...abutres devoram
cadáveres de agonia...)

Inverno. – Açoites de travessia
Visto meu casaco de malha
Para esquentar a friagem
Que arrasta por dentro esta vida

Cantiga de Silêncio

A Haroldo Alves, o Bruxo
amigo das manhãs

Portão da casa verde
– Nas franjas da Alba
Um bem-te-vi-coroa
Saúda a filha do rei
  Kaô Kabici Kaô

– A cada minuto
a mão invisível
colhe a flor rúbia

a flor de chafariz
aquela que na boca
é margarida

a que de tarde profetiza
a que de noite é o próprio sonho
e de manhã acorda a vida
 Kaô Kabici Kaô

Portão da casa verde
– Os juncos da lagoa
Cruzam o rosto do silêncio
– Fonte dos desejos apagados
Sem remorso – Nem pecado

Domingo fevereiro
– O Rio Sapato se vestiu de musgo
– O mar virou espelho do céu

Ode-Elegia ao Companheiro Chico Pinto

"Numa severa afirmação da luta,
Uma impassível negação da morte".
Vinicius de Moraes

De tua mão brotou um lírio
De tua boca a voz da Pátria
Feira, ó Feira de Santana
Antiga Feira dos Olhos d'água

O vento trocou de caminho
E fez a multidão na praça
Feira, ó Feira de Santana
Antiga Feira dos Olhos d'água

Prisões – Relâmpagos – Martírios
– A liberdade ensanguentada –
Feira, Ó Feira de Santana
Antiga Feira dos Olhos d'água

****

****

Aqui na fronteira do dia
Bateu o coração da Pátria
    Feira, ó Feira de Santana
    Antiga Feira dos Olhos d'água

Elegia para minha irmã Hilda

– O símbolo é o mesmo
– A liturgia é a mesma
Um barco ancorado no porto
Balança na ventania

Marinheiros inquietos
Desatam devagar
O cordame das velas
– As palavras são poucas

Num pequeno pedaço de céu
As gaivotas sobrevoam as cabeças
– Na solidão dos ventos forasteiros
As vergas torcem e gemem

– No instante em que nascias
Apenas um choro de criança
Era a alegria de meu pai
E a lágrima caída dos olhos de minha mãe

Agora
sob as arcadas do tempo
É a grande viagem
Onde a quilha do barco aprofunda
O silêncio das águas sem fim

– Distraídas
As andorinhas desaparecem
Infinitamente no azul

A despedida é frágil
A esperança é frágil
– A dor é um sino cruel
Que bate na fratura íntima do peito

Dura é a ilusão

– A morte é tão cedo para a vida.

Elegia dos Anos

Chorei! Não há razão para chorar
– Meu coração não é de pedra
A minha dor não é de bronze
Mas toda lágrima é feita de sal.

Chorei! Não há razão para chorar
Os anos se foram na vida –
Estilhaços de pó que eu via
– E me fingia pra poder sonhar.

A lua – noite idêntica do dia
Seguia o itinerário das estrelas
Viajando azul à beira do infinito.

E neste espelho líquido da lágrima
Eu penetrei a dor – e tão ferido
Fui soluçar no peito o fel da mágoa.

Poema Simples

Enquanto existir coração e pensamento
A poesia nunca morrerá
– Sempre descobri nas palavras
O segredo de minha alegria

Solidão? É só uma parte do caminho
Em que às vezes subo ou desço
Os degraus de minha dor

Depois
– a certeza não me dará mais ilusão
Atravessarei a porta do silêncio
De onde serei levado para longe – muito longe
Pelas cinzas do esquecimento

Dispersos

Sandálias

Ao jogral Elizeu Paranaguá

Onde estão minhas sandálias?
O tempo diminuiu no céu
– Meu corpo, eu o tatuei com minhas cicatrizes

– Lâmpadas acesas nos pés
Olhos de ventania
– Um pássaro de voo andarilho
Corrupiava o chão da manhã

Onde estão minhas sandálias?
Rosto de sol
– Mãos sujas de terra

Até ontem o menino andava
Entre crepúsculos de fogo
Abrindo veredas de lua?

Onde estão minhas sandálias?

Apaguei o eclipse
Que me feria os olhos:
– Vai e tira o sal dos meus cabelos
E pendura a minha dor ao colar do esquecimento
Até onde a noite se perder nos redemoinhos do tempo.

Poema aos Aprendizes do Liceu de Artes e Ofícios

Meninos do Liceu Operário,
Colunas por um e por dois
Formai ordem unida
E batei continência

Atrelai aos ombros os vossos tambores
E marchai pela encosta em direção da manhã.

Sois aprendizes da esperança
Acendei nas cabeças a memória
– A porta está aberta para o lado da vida.

Virgens de cicatrizes
Vossas mãos irão construir
A armadura das cidades e dos arranha-céus
– Vossos pés caminharão sobre abismos.

Sede um porta-estandarte
Em cada beco ou avenida
E inscrevei nas bandeiras
Novas palavras de ordem

Olhai a lição
Escrita nos livros
E na parede das ruas.

Aprendei sempre
A cantar a liberdade
Para que não murchem
As rosas da primavera.

Elegia a Martin Luther King

Para Emiliano José

"I, too, sing, America".
Langston Hughes

Chove no Estado de Nova Iorque.
O vento em fúria negra
Varre o pátio da Casa Branca
E lança línguas de fogo
Nos arranha-céus de vidro
De Chicago, Detroit e Memphis

Vejo profunda
Aquela bala vadia
Penetrar o corpo
                    de Martin Luther King
Desenhando uma estrela de sangue

Homens brancos
Nem ressuscitam os guetos do III Reich
– Há quem atire pedra nas flores
E esqueça de ontem os fatos na memória

Junto ao cais
Na escola e nas oficinas
Ou no contar frio das horas
As crianças negras da América
Não dobrarão as cabeças em silêncio

Chove no Estado de Nova Iorque.
A paz é uma cruz fincada na aurora
Pelas mãos do século.

Fragmentos de um Manuscrito

Nasci em Da-Nang
Não conheço outros lugares
Meu pai morreu na valeta
Minha mãe subiu nas sombras do *napalm*

Minha casa saqueada
Entre flores de minério
É uma arquitetura de chamas

Devia ter nascido na Sibéria
No Polo Norte ou nas regiões geladas
Mas sou filho de Da-Nang

Sobre espinhos e cravos
Ou larvas de gelatina
Não tenho onde pisar
Vejo somente vejo
Cavalos do ódio trafegar nas esquinas
– São ruídos de máquinas invasoras

- -

– A metralhadora cospe
– O talo seco dobra
– Estou surdo de bombas
– Um morteiro caiu perto de mim
– Já enterrei meus irmãos

Não rio nem choro
Nem gasto palavras
– Tenho a direita decepada
Mas luto com a outra mão...

Bilhete a um Poeta

Olha, Capinam
Chegando a Nova Iorque
Não te esqueças

        escreve um poema
        e manda pelo correio

Vê se as tristezas de lá
São iguais ou mais fundas
Que as tristezas daqui

Sabe (e disto não te iludas)
– pelas notícias que tenho
de outro amigo que lá esteve –
Que há muito ladrão solto
Pelas ruas e avenidas
À espreita de fama
E de cenas tão vivas
Quanto às letras de sangue
Dos crimes de mistério da Rua Morgue

Leva contigo o telescópio?
Sei que montarás –
Como navegante de rotas aéreas
Um pequeno observatório

Para lua e para as estrelas
– Dizem até que o céu é de prata
Além e por cima dos arranha-céus de vidro

Tira o primeiro domingo
E vai a Washington
E vê quantas manchas de sangue
Salpicam os muros
As paredes
E os vitrais da Casa Branca

Escuta se chega
Através do vento
Do dia e da hora
O eco das vozes
Oprimidas do mundo!

(Onde se encontra
o radar eletrônico
da Agência de Informações?
– Um detector de mentiras
guardado em sete segredos
que capta a dor em alegria
o pranto em riso
a morte
a morte em vida?)

Ah Poeta andarilho
Não te canses agora
– Aperta a mão de cada astronauta
Ou procura nos parques
Ou na Quinta Avenida
Um jovem que tenha
No peito uma flor?

E os Guetos? E as Guerras?
E a Bomba? E a Paz?

Nem te lembro
Mas te confesso
Que certo dia
Morri dez vezes
Quando William Calley
– o tal tenente Batman
– Destruiu com a morte
A vida
E os brinquedos
Dos meninos de Mi Lay

E os mísseis?
Inverossímeis?

Não te perturbes, Amigo
A hora explode toda em chamas

De tanto espanto
Ódio – Conflito
As palavras se trituram
Em pó. Em grito

Depois
          antes de teu regresso
(Máquina de filmar a tiracolo)
Quero fazer-te um pedido
– Dá um pulinho à ilha Manhattan
Para ver de perto
Se a Estátua da Liberdade
Continua de pé
                    ou caiu

Travessia

Tardes de Paraguaçu
– Meu amor subiu nos ombros
– A montanha desceu nos vales
A natureza visita a primavera.

O campo não esconde as amapolas
E ninguém espia o vigia na estrada
– O rio era uma longa espada de sol

(Não compro ilusões
Nem vendo alegrias
Geradas pela máquina do tempo)

Tardes de Paraguaçu
– A noite chegou na arquitetura das serras
Onde passavam cavalos de sombra.

Dentro da noite
A madrugada espera

Dentro da madrugada
Meus olhos amanheceram

Soneto de um Delírio

Amo-te e todo o amor de minha vida
Caiu em uma caixa de segredo
– Escravo me tornei do próprio medo
De abrir a caixa como uma ferida

Louco! Virei o mundo pelo avesso
Gritei! Depois fugi para uma ilha
– Da argila bruta fiz um mar de gesso
– De teu retrato fiz a fantasia

Tocado de corrente magnética
Liguei o fio da vida na matéria
Ou aos vórtices de uma alucinação?...

Oh! Pobre Inteligência! Oh! Desatino!
– Caído na vertigem do destino
Prendi a alma nas cordas da Paixão

Poema

É sempre dupla a face deste enigma
– Esfinge de imagem
Que seria um corpo de mulher.

Nem queria o rosto a divisão da vida
Quebrada de paixão
Alimento de sal e de mal querer.

Tua pele – seda orgânica de serpente
– Rio perto de um cais
Jogando meu barco nas marés

Imagem de um beijo na memória
Meu pensamento se escondeu atrás das estrelas
E tudo se partiu e se desfez aos pés.

Fragmentos de um Sonho

Sou itinerante
Vou de encontro às distâncias
Mas minha alma se vestiu de quatro paredes

Se mudo de roupa todos os dias
Ela se renova
Todas às vezes que miro o espelho

– Sou caminhando um rio
Varado de peixes e moluscos
Líquido: Olho-me de cima para baixo
Parado: Pinto as cores da manhã

Pássaro Verde

A Cyro de Mattos

Pássaro verde
a Lua
Descanso de crepúsculo.

– Foices e dragões
Alumiando veredas.

Dói a flor
o espinho
a travessia
– Queria ter na mão este pássaro da vida.

Hoje
canto de mar
ó ilusão mais nítida
De um menino alegre no lombo de um cavalo triste.

O Cão e o Gato

Há um latido de cão dentro da noite
E um grito de pranto e desespero
Os amantes se olham e se entredevoram
Raiva de ânsias da carne e do desejo.

Este grito de gato nos telhados
É uma navalha de unhas e de ciúmes
Comendo a carne dentro desse beijo
Tão profundo e de cheiro de perfumes.

Aérea nuvem branca de fumaça
Traspassa a mente como um céu de garças
Nas planuras do tempo e da cor.

Tudo é mistério nesta luz do vento
O crucifixo é uma flor no pensamento
Tudo é o nascer da vida: isto é amor.

Fragmentos de um Soneto

Deitado num sofá
Meus amigos se foram
A sala toda iluminada
De guizos de cristais
adormeci

Sonhei que um anjo aparecia
Com um livro na mão
e me dizia
"Não te assustes
não é a tua vez"

Casaco alado e de outro mundo
Era um simples vagabundo
Andando pelo céu.

Ó castigo da noite
Um vulto se escondeu atrás da lua
Transformou-se em fumaça e se perdeu.

Signos

Parte de minha vida
Foi escrita
Sobre um vulcão de enigmas

A outra metade
Transita
Escuras galerias

O Amor
– Meteoro do prazer e da ilusão –
É uma pétala que flutua no paraíso

Memória
– Campo de batalhas e ruínas –
Espanto e curiosidade

Infância
Só a infância
– Inviolavelmente pura –
Permanecerá além da Morte

Câmara Ardente

A José Valadares

A luz que beija a face da morte
Não acende a alma do morto

As velas extinguem
A esperança da Vida

A cera quente derrete
Os corações presentes

Poema

Tenho na vida de menino
Três palmeiras erguidas
Que rútilas cintilam
Nas águas trêmulas de um rio

Cada silhueta
É um cálice de vinho
Derramado na memória

Alguma Crítica

Homem do Mundo e da História

Este *Cântico para o deus dos ventos e das águas* do poeta Adelmo Oliveira me faz pensar em três categorias de homens: primeiro, os que de tal forma estão submersos no cosmo, **são** prisioneiros dos seus ritmos fatais, e não fazem história. Segundo, os que fazem, sim, *uma* história, mas eles mesmos não têm raízes no húmus do mundo. Finalmente, os que são comprometidos com a história, mas nem por isso são órfãos da mãe natureza.

Os primeiros vivem nos ciclos naturais, alimentam-se dos frutos da terra, mas como as estações, repetem invariavelmente, num presente sem futuro, os seus eternos passados. Seus mitos nutritivos são saborosos, mas fora do tempo, exilados da história.

Os segundos são os tecnocratas da atual civilização. A posse que exercem das coisas é um matricídio imolado às suas ideologias do progresso. E a sua triste história é seca e lucrativa, e torna-se mortal, quando apoiada pelas armas.

Só o terceiro grupo é capaz de história num universo amigo e respeitado. Suas utopias se enraízam no mundo e possuem dinamismos aptos a transformar a terra como um lar de sonho, de paz, de amor e liberdade. É que seus mitos têm a força das águas, a liberdade dos ventos e o sabor dos frutos, mas encarnam, enérgicos, em corações presentes ao drama dos homens.

O poeta Adelmo Oliveira é bem destes, sem dúvida. Ninguém mais presente aos processos da história, uma história a criar segundo as utopias do Amor. Mas, por outro lado, ninguém mais sensível à fala das coisas, pois só se percebe a si mesmo e só percebe o senso do seu "estar aí", ouvindo o que segredam os símbolos do cosmo, para neles derramar o seu lirismo.

Assim é que o vemos neste livro, onde soa a constante surdina da dominante "política", a navegar na crista das ondas e a cavalo dos ventos, as mãos sujas de terra e um fogo no coração.

Não é isto, acaso, comungar com o Deus vivo que segundo os livros santos, "das suas cavernas tira os ventos" (Sl 134/135) e, neles montado, os faz seus anjos: "Avanças sobre as asas dos ventos, e os tomas por teus mensageiros" (Sl 103/104)?

E se o poeta quer "inverter o crepúsculo para conquistar a luz do dia", ele é uma imagem daquele que "transforma as trevas em aurora" (Am 8) e, acima do tempo, no lugar onde tudo é hoje, dá olhos ao poeta para, ao menos, desde já, conviver com "as larvas do futuro acontecido", ele, poeta, um profeta secular.

Dom Timóteo Amoroso Anastácio
Abade do Mosteiro de São Bento da Bahia, Páscoa de 1984.

A Arqueologia do Novo

"Nas Ciências, nascem poucas verdades; as mais delas ressuscitam".[1]

Padre Antônio Vieira (1608-1697)

Inseridas numa linguagem brasileira que remonta por raiz a uma sensibilidade e linguagem ibéricas, as poesias de Adelmo Oliveira recuperam, resgatam e ressuscitam tropos, *topos* e formas do passado, convertendo-as com propriedade numa voz contemporânea que, creio, executa como *buon fabbro* o desiderato de Ezra Pound, do qual o artista moderno deva ser um arqueólogo, escavacando o passado, para de lá retirar, espanar e expor o esquecido, que, inopinadamente, se nos apresenta como Novo em sua dimensão de oblívio. Assim frisou Vieira:

> (...) umas coisas faz novas o esquecimento, porque se não lembram; outras a ignorância, porque se não sabem; outras a distância, porque se não alcançam; outras a negligência, porque se não buscam.[2]

Cuidam os falsos vanguardistas que se podem equilibrar no trapézio de sua própria "nonsensatez" em desprezar o

1 Padre Antônio Vieira, *História do Futuro*, Imprensa Nacional e Casa da Moeda, Lisboa, 1992, 2ª ed., p. 179.

2 Ibidem, p. 180.

passado como referência, ao querer destruí-lo, condená-lo, ao querer empulhar os demais, fazendo-os crer que são detentores da suprema verdade do Novo que chegou para derrogar a Tradição, para abolir o passado, para instaurar o fruto do Novo que nasce numa arvore sem raízes, sem tronco, sem folhas, sem flores, por conseguinte.

Cuidam eles que é preciso demolir o Passado para construir o Futuro, sem ao menos, frequentemente ter os pés plantados no presente. O hoje é consequência imediata do Ontem, e o traz em seu efêmero bojo, permanentemente a se estilhaçar nas veredas sombrias do futuro, que diz o vulgo, só a Deus pertence. E aos seus profetas, eu completaria. E de profeta a poeta é só tirar duas letras. Os verdadeiros poetas, plantados no Presente, enquanto ruminam as raízes do Passado, vomitam-nas na direção do Futuro. Assim é Adelmo Oliveira, poeta, decididamente poeta, firmemente plantado em seu passado cultural, passando o bastão que lhe passaram seus arquétipos, seus ancestrais, seus pais, irmãos e filhos. O caminho para trás é o mesmo caminho para frente, diria Heráclito se estivesse vivo. E será que ele não está? Nosso poeta executa com inspiração, transpiração, informação e maestria a única possibilidade de inovar neste princípio de milênio – o passo à frente calçado pela retaguarda com o olho na vanguarda, mesmo porque quem não olha adiante fica para trás.

Culto, lido, experimentado, calejado, sofrido, maltratado pela maldade dos homens e pela Moira – esta deusa impiedosa –, sazonado pela dor física da tortura, pela dor mental infligida pela ignorância, pelos punhais gelados da suprema dor de ver-se morrer em seu projeto, Adelmo Oliveira não deu a isso tudo o troco torvo e turvo da amargura. Deu ao mundo, como flor, a dor filtrada dos seus versos, e como todo poeta – que só é grande se sofrer, como disse outro –, Adelmo se faz grande pelo sofrimento da vida vertido no sofrimento da linguagem para atingir o único paraíso palpável – o Éden da poesia, onde a Queda se resolve em Ritmo, onde o Pecado se resolve em Beleza.

Assim em alguns momentos, as poesias de Adelmo se elevam até a limpidez camoniana de um clássico:

> Risco do mar antigas caravelas
> E a espuma se contorce em fantasia

em outras instâncias, ele, mestre do barroco, resolve suas antinomias:

> Contra o ruído cavo do mundo
> – Nasci para conquistar aldeias

que chegam até a precisão do oxímoro:

> A manhã é um crepúsculo
> Onde circulam pássaros (...)

Mais adiante, neste seu percurso arqueológico, ele resgata a vivacidade romântica, esgrimindo com perícia o verso mais difícil, o verso curto, rápido e cadenciado:

> Dentro da noite
> E pelo dia
> Um eco surdo
> De ventania

encarando um espinhoso e raro verso de quatro sílabas, quebrado da redondilha maior, verso que se repete em inúmeros poemas cuja estrutura melódica e rítmica é uma moldura perfeita para seu pensamento fugaz; para a fugaz emoção que delineia.

Mostrando uma preferência quase geral por versos pares, Adelmo foge da redondilha menor, mas verseja mais curto ainda na medida de três sílabas, outro quebrado da redondilha:

Águas verdes
Nos teus olhos
de verão

afora essa cadência ímpar e a da redondilha maior, Adelmo Oliveira verseja sempre em cadências pares. De seis, muitas vezes:

Parei ali na praça
Pequeno de menino

O verso de seis, também quebrado, aparece em nossa poesia mais frequentemente acoplado com o decassílabo italiano, seu verso de arte maior. Assim vem (por exemplos afastados de séculos) nas poesias de Camões e nas *Odes de Ricardo Reis*, de Fernando Pessoa. Não é muito comum vê-lo discorrendo autônomo, criando sua própria ritmia. Já Adelmo Oliveira o faz. E verseja também em oito:

Entra na memória um caminho
Que termina onde fui pequeno

Na redondilha maior, neste verso essencialmente popular, o poeta mostra seu domínio métrico ao erodir sem desgastar, transpondo uma ressonância de cordel para uma limpidez de clássico contemporâneo, recheando a forma do passado com o sabor de agora:

– O coração sacudia
No céu que a tarde continha
....
Meus olhos cheios de sonho
– A vida cheia de nada

nessas imagens, catacrese, metaforização de toda forma moderna, atual, o poeta traz a redondilha maior das profundezas ibéricas ao nosso presente dizer, demonstrando a eternidade da poesia na fugacidade do tempo presente.

Um capítulo à parte é o soneto adelmiano, inscrito numa tradição do soneto peninsular e do soneto brasileiro. Lá estão Camões, Góngora, Quevedo, Gregório, Bilac, Cruz e Sousa, Jorge de Lima, Vinicius, sete oitavos de poesia ibero-brasileira abaixo da superfície, e a ponta deste *iceberg* é Adelmo Oliveira, conglomerado intertextual que rachará, sem dúvida, a cabeça titânica do leitor incauto. Ao soneto, como de resto toda sua poesia, o poeta traz sua erudição, sua sensibilidade enraizada na Tradição, e dela renovadora, e sua capacidade de transubstanciar a vida em verso e de fazê-lo com elegância, em momentos nos quais atinge o difícil rincão do inefável:

Nos muros brancos deste cemitério
O bem-te-vi como a pregar de um
[púlpito
Celebra a liturgia do mistério
Incensando de cinzas o crepúsculo.

ou então cinematografando o erotismo em elegantes sinestesias:

Esta que vem do mar por entre os
[ventos
Sacudindo as espumas dos cabelos
Vem molhada de azul nos pensamentos
– Seu corpo oculta a ilha dos segredos

passando do espiritual ao sensorial com igual desembaraço, sonetando com precisão. Como neste torneio conceitual pós-moderno e neobarroco:

Quero partir o espelho deste enigma
Que tanto me atormenta e me rodeia
Nem sei quando ele nasce ou me
[acontece
Mas sei que fico preso numa teia

mas que podia muito bem ser de Rodrigues Lobo.

O soneto é, de longe, a forma fixa mais difícil. São raros os bons sonetistas, e entre eles são também raros os bons sonetos. Adelmo Oliveira é um dos melhores sonetistas pós-modernos do Brasil, junto a Marcus Accioly, Ivan Junqueira, Maria da Conceição Paranhos e Fernando Mendes Vianna, todos capazes de dar uma fisionomia moderna ao soneto sem o abastardar. "*Scorn not the sonnet*", disse o Bardo de Avon.

Finalmente, se o poeta percorreu com desenvoltura o caminho diacrônico de nossa poesia até se tornar um clássico contemporâneo, ele não estaria completo se não dominasse o verso livre – e o faz. Adelmo Oliveira, a este respeito, mais do que todos, mostra seu talento no domínio dos ritmos e das palavras. O modernismo brasileiro, ao difundir o verso livre e o poema-piada, credenciou qualquer pessoa a escrever poesia, pela ilusão de que o verso livre é anárquico. Não. O verso é livre. Não é caótico. Não é desconexo. Não é solto. Não é prosaico e malcosturado. Não é qualquer coisa. É um verso. Uma unidade de tempo, de respiração, e como tal, é livre, porque não obedece a leis preestabelecidas e a uma métrica prefixada. Cada poema em verso livre desenvolve seu próprio arcabouço rítmico, cria sua própria métrica interna. Por isso, fazer verso livre é mais difícil, porque o poeta não possui uma versificação prévia para encaixar seu verso. Ele precisa criar um verdadeiro tratado de versificação para cada poema, e, às vezes, ele descobre uma célula rítmica e tão maleável que a desenvolve em outros poemas. Ainda está por se fazer esse tipo de análise, mas tenho certeza de que o verso livre de um determinado poeta tende a se estruturar como forma métrica relativamente fixa e individual, e vai se repetir na sua obra.

Senhor da métrica tradicional, Adelmo Oliveira também verseja desenvolto em verso livre. Foi graças às cadências harmoniosas do seu verso livre e ao desafio de imitá-las ao traduzir os três poemas que abrem este livro que desenvolvi o método de traduzir verso livre a que me refiro no meu modesto ensaio *A Arte de Traduzir*.[3] Como nossa língua metrifica por sílabas acentuadas e não acentuadas (para simplificar), antes de traduzir esses belos poemas sociais, nos idos de 1966, marquei nos versos, sílaba por sílaba, acentuadas e as não acentuadas. Depois, reproduzi fielmente o padrão tônico em inglês. Variando aqui e ali para manter o sentido, mas preservando acima de tudo as cesuras ou a quantidade de sílabas acentuadas em versos isotônicos, o que é tradicional em inglês:

Con*vi*do-vos, a*mi*gos...
I in*vi*te you, *bro*thers...

Em que *brothers*, *irmãos*, substitui *friends*, por ter duas sílabas, como *amigos*. Assim, em decassílabo,

3 Ildásio Tavares, *A Arte de Traduzir*, Fundação Casa de Jorge Amado, Salvador, 1996.

O vento até mudou de direção,

Traduz-se:

The wind even changed its course

mantendo a isotonia. Meu trabalho de tradução foi facilitado pela estruturação ordenada deste verso livre às vezes entremeado de versos medidos, provando que este poeta o domina e não pratica o insuportável prosaísmo de certos poetas contemporâneos, fazendo prosa de má qualidade distribuída no papel diagramado na forma de versos.

Em suma, estamos de braços dados com um genuíno poeta, um poeta culto, sensível, que, porém, não despreza a técnica. Entretanto, não temos diante de nossos olhos o produto insosso de destilação científica. Nada do que até agora eu disse valeria, se Adelmo Oliveira fosse apenas um funileiro engenhoso de maçarico na mão a soldar as palavras como se fossem um quebra-cabeça. Não. Adelmo Oliveira, como todo arquiteto competente, não nos deixa ver os andaimes esdrúxulos das construções buarqueanas. Ele cose tudo com a supervisão das Musas, e nos oferece o fundamental, para mim, na arte: a transgressão e o deleite. O resto é cibernética, digitação.

Ildásio Tavares

Professor de Literatura Brasileira da Ufba. Doutor em Literatura Portuguesa pela UFRJ. Pós-doutor pela Universidade de Lisboa. Lecionou Literatura Brasileira na Southern Illinois University, onde se tornou Mestre em literatura de Língua Inglesa. Poeta e crítico literário. Dramaturgo e romancista. Tradutor. Polígrafo.

Adelmo Oliveira, Poeta da Sábia e Profética Inocência[4]

> ***La poésie n'est pas la connaissance de soi-même, encore moins l'expérience d'un lointain possible (de ce qui auparavant n'était pas), mais la simple évocation par des mots de possibilités inaccessibles.***
>
> G. Bataille. *L'Impossible*

É de pouco tempo o meu convívio com a poesia de Adelmo Oliveira, a despeito das inúmeras vezes em que o meu grande amigo e poeta Ildásio Tavares me falava sobre a excelência dessa poesia. Na circunstância de uma apresentação a mim solicitada para a antologia *Sete Cantares de Amigo*[5], da qual Adelmo participa com sua generosidade de poeta maduro conjuntamente a outros bons poetas de variada e jovem faixa etária, fui tomada pelo que a filosofia sartriana denomina "choque do reconhecimento".[6] E ali estava eu lendo vorazmente os poemas de Adelmo e me surpreendendo com sua alta qualidade – ainda não suficientemente proclamada. Vivemos numa cidade (e num país) de "proclamações": quem é gênio, quem é artista, ao vezo de uma história oficial da literatura

4 Este texto, com acréscimos e modificações, consta originalmente da antologia *Sete Cantares de Amigo*. (CARNEIRO, Miguel. (Org.) Salvador, BA: Edições Arpoador, 2003. O corpus mencionado neste trabalho estendeu-se à seleta do livro *Canto Mínimo* (TAVARES, Ildásio (Org.). In: ____. COLEÇÃO BAHIA Prosa e Poesia. Rio; Salvador: Imago; FUNCEBA, 2000).

5 *Sete Cantares*... pp. 13-37.

6 Sartre se refere a este estado ao discorrer sobre o impacto da realidade vazia (o *néant*) na percepção, pelo ser humano, da existência. Tomo de empréstimo a expressão sartriana, particularizando-a para indicar o seu oposto, ou seja, o impacto da realidade epifânica gerada por alguns tipos de criação artística. Sartre formulou de modo magistral, na expressão entre aspas, a contundência provocada pelo reconhecimento de algo que se encontra fora do ser e que se abate sobre ele, revelando o valor (ou falta de valor) da existência humana – numa dialética de exterioridade / interioridade.

fincada na troca de favores, o mais das vezes, ou no *marketing* que o dito gênio ou artista faz de si próprio em face de uma cultura de títeres desinformados ou mal formados – no *maré magnum* de muita mediocridade, pouco ou nenhum talento e imperícia artística. Então, neste momento, é necessário usar o verbo do mesmo étimo do substantivo entre aspas, com o intuito de retirar deste a "cor local"[7] e proclamar Adelmo Oliveira como um dos poetas mais expressivos da sua geração e da poesia baiana como um todo consequentemente, inserido na melhor lavra da poesia brasileira.

Adelmo Oliveira possui vasta experiência na arte esquiva da poesia. Na sua produção, encontram-se poemas de verso livre e de forma fixa – o soneto incluído, forma na qual é mestre –, uns e outros com recorrente teor conteudístico, a exemplo do debruçamento sobre o tempo e sua efemeridade; da morte como presença constante – diante da qual parece o poeta tomar suas decisões; do amor à mulher amada e mitificada, mas também do amor ao indivíduo humano e do devotamento às questões sociais e políticas, vivenciadas tão profunda e tragicamente por sua geração e a seguinte.

Menciono, inicialmente, três de suas baladas[8], não sem antes tecer um breve comentário sobre esta espécie poética, a fim de melhor situar a contribuição de Adelmo.

Sabemos, a balada tem origem na Idade Média, inicialmente cantada e coreografada, logo após recitada. A partir

7 A literatura brasileira, nos seus inícios, afirma-se como manifestação de "cor local", paisagem, exterioridade e língua portuguesa com dicção brasileira, mais marcadamente na poesia. Entretanto, só se torna capaz de expressar de forma brasileira o rosto humano, universal sem deixar de ser fiel a si mesma, do momento que amadurece esteticamente. Não bastava apenas o uso explícito da temática brasileira e a referida "cor local". Era preciso também tomar posição diante da questão da linguagem, historicamente, romper com os cânones estilísticos da literatura portuguesa. A expressão, aqui, é usada pejorativamente, conforme o contexto permite perceber.

8 Observe-se que, a despeito dos títulos nomearem esta espécie poética como "baladas" em três das composições mencionadas, podem ser encontrados outros poemas longos de mesma feição na poesia de Adelmo, a exemplo de: "Bilhete, em Prosa, a Leopold Sedar Senghor", "Irmão das Horas", "Fragmentos da Criação", "Noturno", "Poema entre Amigos" e "Fragmentos de um Monólogo" entre outros (v. *Canto Mínimo*).

do século XIV torna-se um poema de forma fixa – três estrofes em oitavas, seguidas de um refrão de meia estrofe. Do final do século XVIII para diante, ocorre como poema narrativo, curto, de três oitavas e uma quadra denominada "oferenda" ou "ofertório". Na música, instrumental ou vocal, surgiu como forma livre pela mão dos românticos, própria para ser dançada (basta lembrar as inesquecíveis peças de Schubert e Chopin neste gênero). Do século XX para cá, a balada retoma algumas das feições a si atribuídas a partir do Romantismo, especialmente por William Wordsworth (1770-1850) no seu famoso prefácio às *Lyrical Ballads* (1802). De início, o bardo considerou sua composição (1798), feita em conjunto com Coleridge (1772-1854), como "experimentos", pois que introduzia palavras e expressões presentes na linguagem da conversação. Na segunda edição (1800), também em diálogo com Coleridge, não mais considerava as *Baladas* como experimentos, mas sim uma espécie que resume os princípios de toda boa poesia, sintetizados na famosa sentença: *"all good poetry is the spontaneous overflow of powerful feelings"*, entendendo-se *"feeling"* como "emoção"[9] – diversa da acepção um tanto apequenada que "sentimento" adquiriu em certos contextos da língua portuguesa. Apesar disto, a espontaneidade indicada se apresenta informada pelo pensamento e pela perícia poética até então adquirida. Ele falava da gênese emocional da percepção do mundo, sim, comum a todos os

9 Além disso, o sentido de *"feeling"*, em Wordsworth, se identifica com o uso que dele faz a teoria da expressão de Edmund Husserl (1859-1938) – o que ilumina a questão do uso da palavra na poesia. Os estudos de Husserl sobre a natureza da lógica se iniciam com a sua pesquisa sobre a expressão e o significado, reflexão fundamental para a lógica, para a filosofia da linguagem e para a teoria e a crítica da literatura. Partir das palavras e atingir o seu significado, rumo às coisas. As coisas enquanto tais, às quais as palavras nos fornecem o acesso, não são coisas singulares, empíricas, mas algo convergentes com a sua ideia ("[...] palavras são ideias" – Fernando Pessoa) ou com a sua essência. Trata-se de um ato que Husserl chama de visão (*Anschauung*) da essência ou de intuição da essência. Assim, ocorre o retorno às coisas mesmas, às coisas enquanto tais. Diante do empirismo que só enfoca a experiência sensível, a fenomenologia se distingue como teoria das essências e, como tal, está em contato com o pensamento que se inicia com Platão, passa por Aristóteles e deságua na Escolástica. A esta construção do mundo pelo Eu que vive nos seus atos e que pode analisá-los refletivamente, Husserl denomina de constituição, de consciência transcendental, de função primordial da fenomenologia transcendental.

homens, apesar de, pelo trabalho do poeta, adquirir forma a partir da linguagem e da língua-mãe, resultando na forma poética. Essa emoção é da mesma natureza daquela a que, mais tarde, John Keats (1795-1821) se referia como a "verdadeira voz" da poesia, o que incluía a sua especificidade enquanto gênero – mundo paralelo e intercomunicante com o das experiências individual e histórica.

A digressão acima me pareceu necessária para indicar a contribuição de Adelmo à balada, pois que guarda e leva adiante os traços acima mencionados, utilizando-se de elementos da prosa na poesia, recuperando-os da amorfia e da atonia por meio de um discurso exuberante, entretanto voltado para a precisão no uso da palavra, meditada em cada caso, muitas vezes desbordando imagens surreais. Conheço três de seus poemas longos, denominados por ele mesmo de baladas: "Balada de uma Canção que Morria", "Balada entre Devaneios (Fragmentos)"[10] e "Balada dos Erros de um Profeta" (inédita). Nesta modalidade, a poesia o acomete, por vezes, em estado de reminiscência, a exemplo da "Balada de uma Canção que Morria", poema circular, num passo cumulativo de sinestesias vívidas e hiperbólicas, cujo valor semântico é acentuado por sua distribuição gráfica. Na segunda, não por acaso insere uma epígrafe de Rimbaud retirada de *Une saison en Enfer*: *"Un soir, j'ai assis la Beauté / sur mes genoux. – Et je l'ai trouvée / amère. – Et je l'ai injuriée"*. Aqui, Adelmo revela a fonte dos mistérios das experiências individual e social, históricas, de seu processo poético, quando aquelas experiências explodem no tempo humano em sua inexorabilidade, sob a custódia do amor, ou, como diz, sob "as metáforas agudas da Paixão" – indicando a passagem da realidade para o território da poesia, o que equivale a dizer para a palavra poética e seus

10 Estas, no livro *Canto Mínimo*.

códigos estéticos. Ao castigar a beleza, surpreendido por sua exigência inelutável, desde que não cura a dor de viver, traz-nos o resultado de sua composição, instância e exigência do verdadeiro artista: a recorrência da beleza ela mesma – não mais assentada "sobre seus joelhos" (Rimbaud), pois não mais nos é dado possuí-la tão próxima como conseguia o poeta-menino de Charleville, poeta do paraíso perdido. Se a Beleza é contundida, nos citados versos de Rimbaud, é para que ela renasça outra – menos "humana" talvez, talvez mais forte – do corpo ferido. Não podemos, nesta nossa época, esperar por tal renascimento, por também cruel que tenha sido aquele momento do mundo na segunda metade do século XIX. Podemos, sim, herdeiros desses avatares, castigar-nos enquanto poetas se não chegarmos a divisar a face da beleza, extraindo-a deste mundo de agora, titanicamente, por meio da realização poética em suas lides com a palavra. Na *Balada dos Erros do Profeta* nos defrontamos com uma atmosfera apocalíptica[11] – o que equivale a dizer de revelação das experiências individual, social, ética e poética, radicais, a despeito de moverem-se em direção aos páramos da estase estética – característica dominante na poesia de Adelmo. Nesta balada, presenciamos a recursos formais em sete estrofes assimétricas, plasmadas num ritmo épico, iniciadas com a repetição do mesmo ocotossílabo, que se fecham com versos suspensos no silêncio a dialogar com a palavra. O "profeta", uma das sub-rogações do eu poético, conta a história do ser humano pelo viés da tragédia, expressa em imagens inusitadas e carregadas de um tipo de força bruta, lâmina bárbara a cortar o fio do tempo, espacializando-o no poema e salvando-o da precipitação no vazio. Este é um poema,

11 Na parte 6 do *Canto Mínimo*, "As Esporas do Apocalipse" (pp.109-113), esta temática é explicitamente tematizada. Contudo, tal característica temática é recorrente na obra como um todo – ao menos no *corpus* aqui referido – realizando-se no texto poético em imagens alucinatórias, que se dirigem para o encontro com a face da humanidade no seio da história.

entre outros, que situa a gênese do agir poético numa matriz incomum na literatura brasileira, presente em Jorge de Lima (1893 – 1953), inclusive no uso da técnica do fragmento e na interveniência do delírio na linguagem, bem como na contristação de poetas como Antero de Quental e Cruz e Sousa, sem que daí se exclua a face noturna e espectral, também delírica, da *ars poetica* de Augusto dos Anjos.

Atente-se na presença do mencionado uso do fragmento na poética de Adelmo, quando, por exemplo, constrói poemas com pedaços soltos da sua experiência vivida, o que se observa em nível da consciência pelo uso de títulos incluindo a palavra "fragmento(s)"[12], embora não apenas. Esta característica implicitamente se encontra infiltrada em sua poesia, rachando as paredes da lógica causal.

Tenho insistido em apontar na poesia o paradigma do pensamento fragmentário, do momento em que a palavra se conjuga ao silêncio – o "indizível" dos poetas românticos –, e este à palavra, suspensa do raciocínio objetivo e binário, de visão analítica. Por isso mesmo a poesia é provocativa, com um tipo de poder que a retira da chamada inutilidade em sociedades votadas ao uso e ao pragmatismo. Abate-se sobre esse tipo de sociedade a iminência de um sentido contraditório, evento histórico (Valéry), constituindo-se, simultaneamente, como forma radical de agressão ao utilitarismo capitalista e, enquanto fragmento, possibilidade de pensar a história fora do seu continuum catastrófico (Benjamin / Adorno). Em exemplos meramente didáticos podemos ler o poema "Irmão

12 Pp. 131, 133 e 135 de *Canto Mínimo* entre outros exemplos, mesmo se ausentes de qualquer nomeação.

das Horas"[13], "Fragmentos da Canção"[14], "Noturno"[15], "Poema entre Amigos"[16] e "Fragmentos de um Monólogo".

Defrontamo-nos, além, com uma poesia hierática, impulsionada por todos os estigmas da Paixão (sic) – como se lê na referida "Balada entre Devaneios (Fragmentos)", um longo poema de mobilização das camadas profundas da realidade efetiva (*dingliche Sache*, Hegel), por intermédio de metro variado e de estrutura rítmica veloz; ou no "Soneto Antigo da Paixão" (inédito?) –, em que ao penumbrismo dos quartetos se mescla o expressionismo[17] dos tercetos quando o eu poético se desdobra em seu duplo para assistir à calamidade da experiência (*Erfahrung*), a um tempo individual e social. Todavia, esse tipo de atividade contém em seus meandros uma utopia de futuro, na qual a poesia funciona como alavanca propulsora, uma das faces de sua função redentora diante da Queda do homem e de sua consequente queda na história e da linguagem.

Não por acaso *Canto Mínimo* faz constar como epígrafes uma de Luís de Gôngora (1561-1617) e outra de Vladimir Mayakovsky (1894-1930) – esta, na primeira parte do livro, "Três Poemas" (1966). A primeira ilumina o livro como um todo: "porque de caducas flores / teje el tiempo com sus grinaldas", e a segunda: "O futuro / não virá por si só / se não tomarmos medidas" – e a medida do poeta é a poesia, mesmo que se sinta acuado por sua consciência a lutar

13 OLIVEIRA, A. *Canto Mínimo*. pp. 100-101.

14 Idem, pp. 135-136.

15 Ibid, pp. 88-89.

16 Ibid., pp. 102-103.

17 Vale lembrar que o expressionismo é uma arte do instinto, dramática, subjetiva, "expressando" sentimentos humanos. Utiliza o patético, dá forma plástica ao amor, ao ciúme, ao medo, à solidão, à miséria humana, à prostituição. Há uma predominância dos valores emocionais sobre os intelectuais. Em Adelmo, como se quer deixar claro, o expressionismo é um traço estilístico.

em favor da liberdade, da dignidade humana, da justiça social quando menos – como ocorreu com os poetas da geração 60 e seguinte, inarredável escolha, embora não abandonássemos a peleja no *front* da beleza.

Nas formas curtas da lírica de Adelmo, os poemas atingem uma pungência e uma intensidade dolorosas e admiráveis. Leia-se "Soneto do Último Tango", em que à realidade plena dos dois quartetos – nos quais surge a imagem poderosa do eterno feminino em seu estado estético – contrasta-se violentamente a tragédia contida nos dois tercetos, realidade flagelante e irreversível, paroxística, como reiteradamente ocorre na poesia de Adelmo:

> Mas tudo desabou dentro do peito
> – A flor do baile desfolhou no leito
> Fingindo a dor nos vãos de um picadeiro
>
> Bandoneon correu atrás da lua
> – A louca já dançava pela rua
> Sobre as ondas do mar do desespero.

Seu *daimon* mescla a realidade efetiva com a efetividade (*Wirkung*) da poesia (veja-se o belo poema "Noturno"[18]), e o eu poético é tragado pela inexorabilidade do tempo, não sem render-se à magia da música, seja pelo uso de consonâncias e assonâncias, seja pelo recurso da repetição entre tantos outros que poderiam ser destacados.Vale dizer que Heráclito, filósofo pré-socrático (500 a. C), uniu dois conceitos-chave no aforismo 119: "*o ethos é o daimon do ser humano*"; vale dizer,

18 Ibid., p. 45.

não há gênio protetor (e não demônio, como se julga erroneamente) – traço marcante na poesia de Adelmo. Sócrates, que sempre se deixava orientar por seu *daimon*, o chama de "voz profética", proveniente de um poder divino, ou, também, de "sinal de Deus". É a voz interior, conselheira da consciência, sede do sentimento de justiça, além de, na poesia, de justeza nas palavras e nos atos que se anunciam pela realização verbal.

Se nos deixarmos levar por essa emoção veemente e aí nos detivermos, não entenderemos o lirismo tocante e terno de tantos dos motivos e momentos do poeta Adelmo Oliveira. Ao erigir seus poemas longos com um fundamento na meditação metafísica, mais óbvia, talvez, na última das três baladas acima mencionadas, poeta experiente, sabe muito bem que poesia se faz com palavras. Vale a pena lembrar um famoso diálogo entre o poeta Mallarmé e o pintor Degas. Teria dito Degas: "Não sei por que não faço belos poemas. Tenho tantas belas idéias". Ao que lhe respondera Mallarmé: "Acontece que não se fazem poemas com idéias. Fazem-se com palavras". É uma lição definitiva. Imagino Degas lhe ter contra-arguído o mesmo em relação às tintas, pincéis e outros materiais utilizados para criar suas telas. E, tendo dito isto, Mallarmé e Degas se referiam à expressão artística em todas as suas manifestações – o traço diferencial da forma artística é seu trabalho na superfície do objeto ou evento a constituir-se, com a matéria sensória e por intermédio dos órgãos do sentido. Obras de arte não veiculam pensamentos abstratos, e sim pensamentos concretos, expressados em forma.

Parecerá contraditório comparar a reflexão acima com o já mencionado verso de Fernando Pessoa (Ricardo Reis):

> Severo narro. Quanto sinto, penso.
> Palavras são ideias.

Múrmuro, o rio passa, e o que não passa,
Que é nosso, não do rio.
Assim quisesse o verso: meu e alheio
E por mim mesmo lido.

Porém, não há contradição. Sim, confluência. Enquanto Mallarmé teria mostrado o aspecto sensorial da poesia, Fernando Pessoa nos remete para a sua essência (observe-se sua posição nos dois últimos versos, quando indica o processo do leitor, e o do criador ele mesmo – que, enquanto emprega as palavras, expressa um sentido e indaga o significado por ele dinamizado na utilização daquelas). Trata-se de um movimento dialético recursivo. Um e outro disso tinham a consciência. Basta ler a poesia de cada um deles, a poesia de modo geral, que em si subsiste sem teorias exteriores àquela que as palavras conduzem e formam na urdidura poética.

Toda essa controvérsia sobre a matéria formal da poesia[19] diferentemente do material utilizado nas outras artes, seu legado, tantas vezes espúrio, são as palavras – a carregarem em si a ignomínia da história de um povo ou cultura, em termos de diacronia, e, sincronicamente, o zumbido incessante das sociedades de consumo nas quais nós, brasileiros, fomos inseridos, quando não mais, pelas dominações políticas de variada origem. Afortunadamente – e Adelmo vivenciou à exaustão esta outra face da linguagem _, também pelo convívio com os poetas a linguagem e a língua que o poeta redime ambas a ele anteriores[20] – *locus* sagrado do trânsito do poeta. E é no

19 V. ALONSO, Damaso. *Materia y forma en poesía.* Madrid: Gredos, 1979. Também BOUSOÑO, Carlos. *Teoría de la expresión poética.* Madrid: Editorial Gredos, 1970 (Biblioteca Romanica Hispanica). 2v.

20 É impossível pensar-se num poeta (num escritor de modo geral) sem a convivência com seus antecessores na dinâmica do artefato poético e da história de sua recepção, seja mesmo para negar a tradição.

processo de lidar com a catástrofe, iluminando-as, conferindo-lhes nitidez e dignidade, além da liberdade: um espaço no qual o leitor ingressa, reconhecendo-se e recuperando a sua face perdida e a face da humanidade vilipendiada. Jamais se falará o bastante do poder redentor da arte. Aqui, da poesia.

Não fora a necessidade de síntese demandada pelo momento, seria prazeroso para mim e justo para com o poeta Adelmo Oliveira apontarem-se múltiplos e variados recursos e traços a fazerem de sua poesia uma realização apical das lições do cânone ibérico, permeado pelas culturas francesa e moçárabe, aculturado no Brasil e aqui enriquecido, ainda com o acréscimo da singularidade conceptual, imagética e formal da contribuição singular desse poeta – sem dispensar, contudo, a leitura da poesia universal, homem de convivência constante com a leitura a par de sua auscultação do mundo.

Adelmo dá corpo ao etéreo (v. "Poema"[21] particularmente) e sucessiva ou simultaneamente mitifica e demitiza a realidade, a mulher incluída, em poemas da altura expressional do "Soneto da Última Estação (Mitologia Marinha)"[22] e "do Dever de Casa" – este, antes mencionado, com um eco marcadamente baudelairiano, não só pela atmosfera carregada de reflexões penosas, como pela dicção dos versos, a exemplo do famoso soneto de *Spleen*: "*Je suis comme le roi d'un pays pluvieux, / Riche, mais impuissant, jeune et pourtant très vieux*". Em 2004, à porta dos 70 anos, Adelmo já nos legara antes um seu eu lírico, o ator, no segundo dos sonetos citados, em realização de tocante beleza e força expressional a testemunharem o flagrante do rosto humano na virada do milênio, equivalente, *mutatis mutandi*, à vivência do poeta francês, com seu poeta / rei na segunda metade do século XIX – a aura perdida.

21 *Sete Cantares de Amigo*, pp. 52-53.
22 Ibid., p. 55.

"Dever de Casa" se faz em alexandrinos perfeitos, cuja beleza formal e condução dos motivos cumprem a trajetória trágica do poeta / homem no mundo, ao tempo em que o libertam por meio da própria experiência com a poesia, em busca da visão da beleza, comunicada à posteridade pela linguagem e pela língua, como ali podemos ler, coração aos pulos.

Além, sua poesia também se faz de formas mínimas, carreando significados surpreendentes, como na realização primorosa de poemas como "Cantiga da Tarde".[23]

Águas verdes
Nos teus olhos
    de verão

Não é rio
Não é mar
Nem solidão

Mas este amor foi embora
Na crista zonza da aurora
Com punhais

Por tais características, a poesia de Adelmo Oliveira pranteia e sangra, todavia com a contenção que o separa do sentimentalismo banal de lágrima fácil. Mesmo porque, ao prantear e sangrar em sua história, pranteia e sangra pela humanidade – como todo grande artista.

Uma de suas buscas, por óbvio, é a de decifrar o sentido da existência, o mistério de Delphos (v. "Ortígia, ou a

23 *Canto Mínimo*, p. 5.

Ilha das Codornizes"[24]). Consequentemente, o questionamento de estar-no-mundo move-se em direção a ser-no-mundo[25], em crescente essencialização temática e formal – que irá distender-se em beleza enquanto dure o tempo terrenal do poeta (e que dure muito!) nesta curta passagem nas estações da terra. É inevitável lembrarmo-nos de F. Schlegel e Novalis (grupo romântico de Iena, 1789), quando situam a poesia como filosofia responsável pela revelação do sentido da história humana (*Philosophie der Poesie*).

Nos poemas longos, de verso livre, nos de forma fixa (mais especificamente o soneto) e nas pequenas peças líricas (simétricas ou assimétricas) cada poema carrega intensidade cruel e paroxística, numa espécie de *conjunctio oppositorum* que permite divisar, no mínimo, três vertentes que não se excluem, pois se contactam: 1) uma, a da atmosfera apocalíptica, com imagística surreal, de visão profética; 2) outra, a da percepção lírica exacerbada pela comoção diante da vida, mas condensada e contida em composições curtas; 3) a terceira, a de uma poética de consumpção, da qual, contudo, renasce com mais de uma roupagem, pantomimo trágico que sobrevive por meio de suas *personae*, dentre as quais ressalto as cênicas (teatro e circo) e as boêmias (seu "teatro de rua").[26]

Correndo ao longo e ao largo do lastro conceitual, da filosofia, do conhecimento teórico do fenômeno poético e da poesia universal – da qual o manancial ibérico deságua

---

24 Ibid., p.137. Sabe-se, em algumas filosofias e teorias da arte, em Delphos estaria presente o deslindamento da face oculta da vida por meio do agir humano (*streben*) – sua parte clara, como resume a figura da Janus bifronte em contextos similares.

25 Este é o movimento fenomenológico do ser (ôntico) para o Ser (*essência*) do qual nos fala Heidegger em sua hermenêutica, mormente ao realizar a exegese da poesia de Hölderlin. Nesta ambiência, "Linguagem é Ser" (*Sprache ist Sein*).

26 Seria de extremo interesse um estudo sobre o caráter cênico da poesia de Adelmo Oliveira.

e amalgamasse à dicção brasílica – o poeta descerra, diante de cada tema ou motivo poético, em formas várias, a sabedoria do homem de muitas batalhas amargas, dulcificando-se quando se faz emerso, pela poesia, seu olhar inocente. Sábia e profética inocência.

Maria da Conceição Paranhos

Professora do Instituto de Letras da Ufba. Doutora em Letras pela Universidade da Califórnia, Berkeley. Poeta, ensaísta, ficcionista, dramaturga e tradutora.

Linguagem e Vertigem

Num de seus mais belos poemas, *Traduzir-se*, Ferreira Gullar nos diz *"uma parte de mim é só vertigem/ outra parte linguagem"*.

Em seu belo livro *Poemas da vertigem* (Edições Arpoador, 2005) o poeta Adelmo Oliveira junta as duas partes, expressando sua vertigem – amorosa, mística, metafísica – numa linguagem a um tempo direta e clara e com algo de misteriosa, sobretudo na primeira seção, *Baladas*. Na segunda, a dos sonetos, a imposição da forma fixa o obriga a uma expressão menos difusa ou cifrada, pois sua estética é a de quem busca ser entendido.

Na terceira seção, *Outros poemas*, as formas são livres. Ao longo de todo o livro, perpassa um sentimento de insatisfação, apenas aqui e ali inexistente. Que vertigens expressa? Nos últimos versos do livro, no poema *Elegia do largo dos quinze mistérios* o poeta confessa: *"Do outro lado do tempo / A canção é vazia /A paixão é morta / A estrela é fria// A palavra / A palavra é só a solidão escrita."* Para chegar a esta conclusão cheia de angústia, seus versos vertiginosos no que dizem, mas controlados no dizer, constroem uma atmosfera pesarosa que só nos sonetos parece mais aliviada.

Mas o leitor atento pode, sem mesmo começar a ler o livro, antecipar o que o espera, pois a contracapa reproduz um soneto que não deixa dúvida quanto ao teor geral do livro:

Eu sou um velho ator sem palco e sem plateia
Que traz no cais do peito antigas ilusões
E, do pouco que sabe, interpreta lições
De palhaço que alegra os meninos da aldeia

Basta o dia raiar pelas bandas da aurora
– Levanta – bate a porta – e vai ganhar a rua
Tropeça no silêncio em que flutua a lua
– Restos de solidão caminhando lá fora

Esqueço a dor – o espelho – as marcas do meu rosto
– Produtos do salário em que se paga imposto
Cobrado pelo tempo e pelas fantasias

Andarilho do vento atravessando o acaso
Deixo a tarde no céu – o meu relógio atraso
E assim faço de mim a profissão dos dias

Até mesmo as epígrafes do livro emolduram o desconsolo enorme desta bem realizada poesia de um autor ciente de sua arte, pois vai escolher do otimista Walt Whitman estes versos:

"Man, an explosion
Walking through the night
In rich and intolerable loneliness"

Maria da Conceição Paranhos assina um douto posfácio que bem de perto acompanha a poética de Adelmo, que imerso nestas vertigens consegue um rigor expressivo que só a experiência de um veterano sabe manter, juntando insólitas imagens e dores autênticas e profundas, não só suas, mas de uma visão de mundo que pode ser tida como queixa universal.

E as dualidades dos poemas são muito bem caracterizadas pelo título feliz do posfácio: *Poeta da sábia e profética inocência*. Elucidativa também da poética de Adelmo é a epígrafe do posfácio, de um texto de G: Bataille, "*L'Impossinle*", de 1962:

"La poésie n'est pas la connaissance de soi-même, encore moín l'experience d'un lontain possible (de ce qui auparavant n'était pas) mais la simple évocation par des mots de possibiltés inaccesibles".

Chega a ser deplorável que um poeta deste porte, já passado dos setenta, não tenha o reconhecimento de sua arte, ainda que conhecido em sua Bahia e com obra extensa e diversificada. Mas o tempo saberá corrigir tais falhas.

Izacyl Guimarães Ferreira

Poeta e crítico literário. Editor da revista O Escritor, *da União Brasileira de Escritores – Vencedor do Prêmio de literatura 2008, da Academia Brasileira de Letras, na categoria de poesia.*

Andarilho do Vento

Conheci o poeta Adelmo José de Oliveira (Itabuna, 1934) em 1975 na chefia da sucursal do jornal alternativo *Movimento* (jun.1975 – nov.1981), quando iniciei no jornalismo como muitos estudantes universitários da época, tendo, como colegas de redação, Tibério Canuto, João Henrique Coutinho, Linalva Maria, Oldack Miranda e Emiliano José da Silva, estes dois últimos, autores do livro *Lamarca, o Capitão da Guerrilha*, publicado em 1984. O escritório, que funcionava numa pequena sala do 5º andar do edifício Adolfo Basbaum, nas proximidades da ladeira de São Bento, encontrava-se sempre cheio: jornalistas, sindicalistas, estudantes, assinantes, alguns proprietários de bancas de revistas ou periodicamente a visita de um funcionário da polícia federal procurando por um de nós. Às vezes, era difícil trabalhar durante o dia, motivo pelo qual saíamos sempre tarde do escritório. Morávamos no mesmo bairro da Pituba. Eu, na rua Goiás; e ele, na Paraíba. Por isso, íamos sempre juntos para casa todas as noites. Após o encerramento das atividades no jornal, caíamos na boemia da Rua Carlos Gomes ou Faísca para degustar uma boa carne de sol com pirão de leite no Tabuleiro da Baiana. Às vezes, optávamos por um ensopadinho de língua no Porto do Moreira ou uma feijoada no restaurante do Biu, situado no 1º andar de um velho sobrado da Carlos Gomes e, por fim, no bar do saudoso amigo Sandoval, (o velho Sandoval do Varandá) já próximo das nossas residências, encerrávamos mais uma noite.

Aos domingos, (obedecendo à escala) íamos ao Aeroporto 2 de Julho apanhar os jornais *Movimento, Nós Mulheres* e depois *Em Tempo* para colocarmos nas bancas de revistas pela manhã do dia seguinte. Por meio do poeta Adelmo Oliveira foi que conheci outros poetas, novos políticos, o grande humanista Dom Timóteo Amoroso Anastácio e várias comunidades da periferia de Salvador, como Marotinho, onde passamos um São João, juntamente com Marcelo Cordeiro e Capinan.

Portanto, conheci-o em muitas manhãs e em noites estreladas, com aqueles óculos antiquados parecendo o fundo de uma garrafa de champanhe que o envelhecia, sempre fumando sem parar, com uma belíssima piteira inglesa: parecia um caapora, personagem mítico tupi das florestas brasileiras. Era padecente da claustrofobia, por isso, não usava elevador, obrigando-me a acompanhá-lo pela escada. Mas o que me intrigava eram aqueles grandes olhos negros abertos para o mundo, para a vida e para as palavras. Sempre voltados para a paisagem urbana. Bom conselheiro, bom companheiro e pagador sem igual das farras.

É dessa época que recebi de suas mãos um exemplar do livro *O Som dos Cavalos Selvagens* (20 poemas de Adelmo Oliveira), oferecido com a seguinte dedicatória: "Para Francisco Pinto, D. Timóteo Amoroso Anastácio, Sergio Amado (impresso) e Gilberto, sensibilidade para as coisas da inteligência. Com admiração. Assinatura". *O Som dos Cavalos Selvagens* é uma edição muito simples, de 36 páginas, com capa do artista plástico e cineasta Francisco Liberato de Matos, sem indicação do ano de sua publicação (1971). Como represália do regime militar, o autor foi preso em sua própria residência, submetido a um interrogatório e teve toda edição de sua obra confiscada e destruída por ordem do Ministro da Justiça.

O livro é um canto singelo para várias vozes contra a ditadura militar. E abre com o *Poema Narrativo nº 1*:

O Poeta converte a chuva e o sol
Em calmaria e tempestade,

Rompe a madrugada no tempo
E abre o friso claro das eras,

Mistura-se ao pó das revoluções
E pede solução ao futuro.

Poemas da Vertigem, seu mais recente livro, selo editorial Edições Arpoador, texto de Maria da Conceição Paranhos, ilustração de Bel Borba, 2005, está organizado em três partes. *I. Baladas*, com vinte e um poemas; *II. Sonetos* e, finalizando, *III. Outros Poemas*, dezoito textos. Por conseguinte, *Poemas da Vertigem* confirma algumas observações feitas anteriormente e permite-nos avançar na compreensão do modo como Adelmo Oliveira encara sua poesia. A partir desse sentimento de solidariedade, expande-se a óptica social de seus escritos. É essa liberdade criadora a característica principal que atravessa sua obra para converter-se no refúgio que confunde com a própria existência, dando sentido a esta, cujo exercício criador não é simples, mas é sempre o mesmo na sua multiplicidade de faces.

Trabalhando sua obra com afeição especial, o poeta Adelmo Oliveira adquiriu uma técnica e uma personalidade excepcional, onde seu universo poético está construído pelo social, que o marcou decisivamente. Não como um arquiteto, mas como artesão que constrói cada verso de forma a dar uma estrutura consistente ao poema. Por isso, sempre teve alta consciência crítica da construção de seus poemas, desmistificando os mecanismos de funcionamento da linguagem.

Este pequeno "inventário de tudo" nos oferece um desempenho estético que se renova e se revigora no exercício de uma escritura visceral, assegurando sua presença, que tem sido uma constante, a desafiar boa parte da crítica literária baiana. Ele se vale de um instrumental importante, em que se harmonizam o artista e o artesão, não sendo assim de surpreender a pujante variedade métrica e de esquemas rítmicos que informa o seu verso.

Esse itabunense é um poeta culto, um poeta de poetas e, por consequência, um crítico de poetas, muito embora seu ensaísmo, quase todo inédito, seja episódico. Adelmo é um poeta opulento e bem nutrido por muitas leituras: Lorca, Mayakovski, Neruda, Nicolas Guillén, Shakespeare, Eliot, Pound e outras; por isso, resolveu se incluir a uma legião de poetas que têm por compromisso maior tornar sua voz a voz de todos.

Adelmo Oliveira dedicou-se, desde cedo, à poesia, como ele próprio o disse numa de suas entrevistas: "a fim de pôr em ordem a sua realidade interior". Depois de permanecer alguns anos em Campo Formoso (Centro-Norte Baiano), cidade natal de seus pais, estuda no Ginásio Augusto Galvão e cria o jornal estudantil *A Voz Estudantil*. Fixando residência em Salvador nos anos 60, para dar continuidade aos estudos, onde adquire grande parte de sua formação intelectual, conclui o curso de Direito em 1966 pela Universidade Federal da Bahia. Durante sua vida universitária, participou do Movimento Cultural da Bahia, colaborando em vários jornais de Salvador.

Voz indispensável ao elenco dos que integram a Geração 60 da poesia baiana, ao mesmo tempo em que dele pode ser dito que infunde sangue novo à poesia brasileira de hoje. Mesmo tendo sido eleito a deputado e ocupado uma cadeira na Assembléia Legislativa do Estado da Bahia em 1978, graças à sua formação humanista, nunca deixou de ser humilde, amigo, companheiro de todas as horas. Adelmo Oliveira mergulhou, de corpo e alma, numa infinidade de assuntos polêmicos, tornando-se uma das figuras mais representativas dos agitados anos 70, na cidade do Salvador. Moderno apesar de arredio para divulgar seus trabalhos é um homem viajado que vive para o mar, levando uma vida simples na convivência familiar, de pescadores e invasores de Lauro de Freitas.

Com *Poemas da Vertigem*, Adelmo Oliveira vem confirmar seu espaço poético na literatura baiana há muito assegurado, por meio de livros como *Canto da Hora Indefinida* (1960); *Três Poemas* (1966); *O Som dos Cavalos Selvagens* (1971); *Cântico para o Deus dos Ventos e das Águas* (1987) e *Espelho das Horas* (textos: Gustavo Falcón e Timo Andrade, 1991). Tem colaboração em várias revistas: *Ceas* (Centro de Estudos e Ação Social); *Exu, Quinto Império; Iararana; Anto* e *Saudade*, ambas editadas em Portugal, além de participação em várias antologias. A partir de 1986, passou a compor letras de música popular com parceria de Fábio Paes e do carioca Augusto Vasconcelos. A publicação dessa edição comemora os quarenta e cinco anos de labor poético de Adelmo Oliveira. O importante é ler os poemas, de preferência, com a aquisição do livro, para assegurar a presença da "poesia sempre", que caminha por todos os ritmos, por todas as formas, por todos os tempos.

Gilfrancisco

Professor, jornalista, ensaísta literário e membro do Instituto Histórico e Geográfico de Sergipe.

Para Encantar os Sentidos e a Inteligência

Estamos frente a obra de um dos mais versáteis e criativos poetas que a Bahia viu nascer. Trata-se de Adelmo Oliveira, 1934, natural de Itabuna. Na sua biografia, inserida no livro *Canto Mínimo*, antologia poética produzida por Ildásio Tavares para o selo *Bahia: Prosa e Poesia*, publicado pela Fundação Cultural do Estado em parceria com a editora Imago, consta que sua família é constituída por sertanejos retirantes da seca de 1932.

Formado em Direito, em 1966, pela Universidade Federal da Bahia, participou ativamente do movimento cultural da sua época, escrevendo estudos, ensaios e poemas para os principais jornais de Salvador. Adelmo também foi publicado nas principais antologias sobre a poesia baiana. Tem os seguintes livros publicados: *Canto da Hora Indefinida*, 1960; *Três Poemas*, 1966; *O Som dos Cavalos Selvagens*, 1971; *Cântico para o Deus dos Ventos e das Águas*, 1987; *Espelho das Horas*, 1991; *Canto Mínimo*, 2000; e *Poemas da Vertigem*, 2005.

Em 1962, sob um júri formado por nomes de expressão da literatura brasileira, como Manuel Bandeira, Austregésilo de Athayde, José Carlos Lisboa e Pio de Los Casares, recebeu o Prêmio Nacional Luis de Góngora com o ensaio *Góngora e o Sofrimento da Linguagem*.

Consta ainda que o lançamento do livro *O Som dos Cavalos Selvagens*, obra de protesto contra a ditadura militar, custou-lhe uma prisão (sua casa foi invadida, o poeta submetido a um interrogatório e sua obra confiscada e destruída por ordem do Ministério da Justiça). Em 1975, foi sequestrado, torturado e submetido novamente a um longo interrogatório, em local ignorado e, em seguida, levado sob escolta à presença do General Adyr Fiúza de Castro, então comandante da VI Região Militar, tudo por suas atividades políticas e literárias. Em 1978, foi eleito deputado estadual pela Assembleia Legislativa do Estado da Bahia, tendo declarado que *tanto a política quanto a poesia são artes de criação a serviço da conquista da liberdade plena.*

A partir de 1986, começou a compor letras de música popular com as parcerias de Fábio Paes e do carioca Augusto Vasconcelos.

Somos vulneráveis em nossa condição humana, porém o nosso maior privilégio está no exercício da palavra que resiste às agressões, à capacidade criativa da sociedade que vem sofrendo um processo exaustivo de marginalização, sentido em todo país. Se é difícil o prazer, também se tornou difícil se alimentar, educar e curar, mas através da palavra viva geramos os anticorpos necessários para o combate a um corpo social doente que tende a apagar as experiências vívidas e vividas pelos seus agentes ao longo do tempo. Entalhar essa palavra na memória do incauto leitor é tarefa árdua e para poucos.

É dessa matéria viva, combatente e sofredora, que se faz a poesia de Adelmo Oliveira, um vate que, segundo as palavras de Ildásio Tavares, é *poeta, decididamente poeta, firmemente plantado em seu passado cultural [...] com o passo à frente calcado pela retaguarda com o olho na vanguarda.*

Adelmo Oliveira nos oferece uma poesia repleta de perspectivas e armada para o grande combate, como neste fragmento do poema "Canto Agrário para o Tempo Presente": *Convido-vos, amigos, a preparar a terra/ O campo está novamente inculto/ O tempo quis esta divisão de fronteiras/ E agora o que vemos/ É este grande deserto:/ Plantas agrestes/ cactos/ Vegetais de daninha duração/ E parvas figuras/ dominando outeiros/ vales/ e colinas [...].* Tal poema é de 1966 e, meu Deus, continua tão atual porque o homem continua em estado de degeneração que, espera-se, tenha fim quando o sistema que aí está se esgote, dando início a um novo tempo patrocinado por um novo homem, mais justo, mais humano.

Basta um rápido olhar para a poesia adelmiana para percebermos que ela dá continuidade a toda uma tradição literária existente e a atualiza, num caminhar decidido que firmemente aponta para o futuro, pois sabe ele que a verdadeira poesia, inclusive a de vanguarda, não se faz ignorando os pilares que sustentam toda uma tradição com milênios de história. E essa história nos mostra que a criação só cabe dentro da liberdade, mas que também não se desconstrói o que não se sabe construir.

Adelmo sabe construir, seja em verso livre ou em verso fixo, como em "O Som dos Cavalos Selvagens", um poema de métrica difícil, o tetrassílabo. Aliás, vale ressaltar que o jornalista Ricardo Noblat publicou esse poema no dia em que o AI-5 fez 40 anos, em 13 de dezembro de 2008. Vejamos:

Dentro da noite
E pelo dia,
Um eco surdo
De ventania.

Sobe a montanha,
Transpõe o vale
– A fúria avança
– A sombra invade.

Marcas no tempo,
Finas esporas
– Um cata-vento
No fio das horas.

Patas de ferro,
Porta-fuzis,
Deixa no vento
A cicatriz.

Dentes de faca,
Olhos de fogo,
Cuspindo raiva
Do próprio rosto.
Destrói cidades
E espanca a luz,
Por onde passa
Finca uma cruz.

Tempo de guerra,
Este é meu tempo
– Cavalos de ódio
No pensamento.

A melhor ilustração de um poema são as imagens que ele suscita e também a sua melodia, fruto de um domínio estético apurado, como neste terceto do poema "Cantiga de Alto-Mar": *Vem que vem na cadência das marés/ Colher pedras de sal e fantasias/ Encobrindo de conchas os meus pés*, onde quase podemos sentir mesmo o balanço da maré.

Adelmo sente e pensa, arma-se para encantar os sentidos e a inteligência, portador da verdade cunhada por Fernando Pessoa *o que em mim sente está pensando*, num instante entre o poeta e a eternidade *Feita de mito e se fazendo estrela*, que tanto pode ser a mais nobre quanto a mais humilde das musas, impressa no exuberante "Soneto da Última Estação":

Esta que vem do mar por entre os ventos,
Sacudindo as espumas dos cabelos,
Vem molhada de azul nos pensamentos,
Seu corpo oculta a ilha dos segredos.

Vem e dança ao andar sobre as areias
Úmidas sob os passos e os desejos,

Onde as ancas são ondas em cadeias
Infinitas de luz contra os espelhos.

Nem precisa de flor nem de perfume,
Ela é a própria essência do ciúme,
Feita de mito e se fazendo estrela.

Vem – dança – e passa aos fogos do verão
– Fantasia da última estação.
Explodiu na vertigem da beleza.

Escreveu o poeta Miguel Carneiro que *há em cada poeta um misto de santidade, pois cada poeta está mais próximo de Deus na medida em que enuncia uma linguagem que toca os corações de todos os homens, rudes e polidos, segundo as normas que regem a sociedade pós-moderna: excludente, globalizada, egoísta e multifacetada*. E sobre a poesia adelmiana disse que *nesses tempos de falta de solidariedade, da raridade de caráter entre as relações, nada mais atual que rever em profundidade os poemas de Adelmo Oliveira*. Tal alusão se justifica dada a natureza fraternal que pulsa sotoposta na poesia desse poeta que nos enche de entusiasmo e admiração.

Gustavo Felicíssimo
Poeta e ensaísta. Diretor de Projetos da Fundação Cultural de Ilhéus, Bahia.

Esta edição é comemorativa do centenário de nascimento de Dom Timóteo Amoroso Anastácio – Abade do Mosteiro de São Bento da Bahia (1912 - 2010).

Referências

A) Ativa:

– *Canto da Hora Indefinida*, publicado pela Artes Gráficas Editora, 1960.

– Prêmio Nacional Luís de Gôngora, divulgado no *Diário de Notícias*, Bahia, em 5.8.62.

– *Três Poemas*, Gráfica Santa Rita Ltda., Salvador, 1966.

– *O Som dos Cavalos Selvagens*, Edição do Autor, Salvador, 1971.

– *Cântico para o Deus dos Ventos e das Águas*, Editora Cátedra, Rio de Janeiro, 1987.

– *Espelho das Horas*, publicado pela Empresa Gráfica da Bahia, Salvador, 1991.

– *Canto Mínimo* (Antologia Poética), Edição Comemorativa dos 500 Anos do Brasil – Sel., Introdução e Org. Ildásio Tavares: Imago Editora, Rio de Janeiro, 2000 – Fundação Cultural do Estado da Bahia – Coleção Bahia: Prosa e Poesia.

– *Poemas da Vertigem*, Edições Arpoador, 2005.

Antologias

– *Breve Romanceiro do Natal*, Editora Beneditina Ltda., Salvador, 1970.

– *Poesia Moderna da Região do Cacau*, Editora Civilização Brasileira – Rio de Janeiro, 1977.

– *Poesia Baiana do Século XX*, Assis Brasil. Governo da Bahia: Fundação Cultural do Estado, Imago,1999.

– *A Paixão Premeditada – Poesia Baiana da Geração 60*, Simone Lopes Pontes Tavares, Coleção Bahia Prosa e Poesia, Imago Editora. Fundação Cultural do Estado da Bahia, 2000.

– *Poetas da Bahia – Do Séc. XVII ao Séc. XX* – Org. Ildásio Tavares, Notas Bibliográficas, Simone Lopes Pontes Tavares, Edição Biblioteca Nacional, 2001.

– *Sete Cantares de Amigos*, Org. Miguel Antonio Carneiro, Edições Arpoador, EGBA: Salvador, 2003.

– *Mídia Poesia I e II*, Secretaria de Cultura do Estado da Bahia.

Entrevistas

– Entrevista a Guido Guerra –"Caderno Especial" do *Jornal da Bahia*, 1977.

– Entrevista a Gustavo Felicíssimo, blog *Sopa Poesia*.

Discografia

– LP *Vertentes* – Gravado em parceria com o músico Augusto Vasconcellos. Ilustração de Ângelo Roberto. Polygram, Rio de Janeiro, 1988.

– CD *A Música de Fábio Paes*. MCK, São Paulo, 1992.

– CD *Canto de Magia* – Gravado em parceria com o músico Augusto Vasconcelos. Músicas interpretadas por Gerônimo, Clara Ghimel, Abel Duerê, Mônica Albuquerque, Margareth Menezes, Xangai, Carlinhos Cor das Águas, Roberto Mendes e Edil Pacheco. MCK, São Paulo.

Cinema

– *Fragmentos,* de Agnaldo Siri Azevedo. Música: "O Trem de Pedra Azul". Poema: "As Esporas do Apocalipse" – Prêmio Tatu de Prata – Brasília.

– *Paixão e Guerra nos Sertões de Canudos,* de Antônio Olavo. Música: "As Bodas da Morte", de Fábio Paes.

B) Passiva:

Jornais:

– Anastácio, Dom Timóteo Amoroso: "Homem do Mundo e da História", *A Tarde,*1987.

– Anastácio, Dom Timóteo Amoroso – "As Horas do Poeta", *A Tarde* – 9.01.1992.

– Araújo, Nelson de – "Edição do Autor ou a Tragédia da Poesia" – *A Tarde* Cultural, 1992.

– Matta, João Eurico – "Uma Estreia: Canto da Hora Indefinida" – *Jornal da Bahia,* 1960.

– Mattos, Cyro de – "Um Poeta da Bahia", *Diário de Itabuna,* 15.04.1987.

– Miranda , Oldack de – "Segredos do Cosmos" – *A Tarde* Cultural, 01.01.1992.

– Tavares, Ildásio – "Os Metros Irregulares de Adelmo Oliveira", *Tribuna da Bahia,* 18.02.1992.

– Marques, Ivan – *O Estado de São Paulo,* 09.07.2000.

– Aguiar, Plínio de – "Três Poemas" – *Jornal da Bahia,* 1969.

– José, Emiliano – *Tablóide Homenagem 80 anos de Jorge Amado.*

– Carneiro, Miguel Antônio – *O Canto do Poeta Adelmo Oliveira* – Arquivos de Renato Suttana.

Opiniões

"Sua poética denota leve música de fundo simbolista, traz a clareza dos enunciados precisos e assume a modernidade, na medida em que procura, através de metáforas comedidas, significados luminosos nos instantes de introversão e nas emergências do memorialismo. Adelmo Oliveira é poeta lúcido e exato, dos que sabem represar emoções no intuito de mais as realçar e transmitir".

Hélio Pólvora

"Aqui está um POETA, sem dúvida. Mesmo antes de tomar-lhe o pulso (descobrir-lhe o verdadeiro núcleo geratriz), já se sente que sua palavra é autenticamente poética, tem densidade, corpo...".

Nelly Novaes Coelho

"Seu discurso poético nos presenteia com o pluralismo inquietante do cotidiano, característico da modernidade...Até os velhos sonetos do passado, tão vilipendiados pelos maus poetas, adquirem contornos surpreendentes no discurso de Adelmo".

Francisco Carvalho

"Adelmo deu ao mundo, como flor, a dor filtrada dos seus versos, e como todo poeta – que só é grande se sofrer, como disse outro – Adelmo se fez grande pelo sofrimento da vida vertido no sofrimento da linguagem para atingir o único paraíso palpável – o Éden da poesia, onde a Queda se resolve em Ritmo, onde o Pecado se resolve em Beleza".

Ildásio Tavares

"É necessário proclamar Adelmo Oliveira como um dos poetas mais expressivos de sua geração e da poesia baiana como um todo – consequentemente, inserido na melhor lavra da poesia brasileira".

Maria da Conceição Paranhos

Notas Biográficas

Parte da família de Adelmo Oliveira:
Pais: Collatino José de Oliveira e Francisca Isabel de Oliveira. Filhos (da esquerda para a direita) Adelson, Adelmo aos cinco anos, Edésio, Hildete (no colo), Hilda e Virgínia.

Adelmo (José de) Oliveira nasceu em 13 de maio de 1934, na cidade de Itabuna, Bahia. Na época da Segunda Guerra Mundial, sua família, constituída de retirantes da seca de 1932, retornou à região de origem, no sertão da Bahia.

Estudou até 1951 no Ginásio Augusto Galvão, em Campo Formoso, onde criou o jornal *A Voz Estudantil*, órgão de seus primeiros trabalhos.

Mais tarde, em Salvador, publicou em 1960, seu primeiro livro de poesias, *Hora Indefinida*, com a capa que reproduzia uma xilogravura de Calasans Neto, sendo esta ponto de referência para a Geração Sessenta, na Bahia.

Em 1962, sob um júri formado por nomes de expressão da literatura brasileira, como Manuel Bandeira, Austregésilo de Athayde, José Carlos Lisboa e Pio de los Casares, recebeu o Prêmio Nacional Luís de Gôngora, com o ensaio *Gôngora e o Sofrimento da Linguagem*.

Formado em Direito, em 1966, pela Universidade Federal da Bahia, durante sua vida universitária, participou do Movimento Cultural Baiano, escrevendo estudos, ensaios e poesias para os principais jornais de Salvador. Nesse ano, lança *Três Poemas*, com versão para o inglês do poeta Ildásio Tavares, ilustrações de Nacif Ganem e projeto gráfico de Emanuel Araújo, impresso na Gráfica Santa Rita Ltda., edição patrocinada por amigos.

Apesar de ainda participar ativamente de movimentos políticos, a publicação de *O Som dos Cavalos Selvagens*, com capa de Francisco Liberado, obra de protesto contra a ditadura militar, custou-lhe sua prisão (sua casa foi invadida, foi submetido a um interrogatório e sua obra confiscada e destruída por ordem do Ministério da Justiça).

Em 1975, foi sequestrado, torturado, submetido pela segunda vez a um longo interrogatório, e, em seguida, levado sob escolta à presença do General Adyr Fiúza de Castro, então comandante da VI Região Militar, tudo por conta de suas atividades políticas e literárias.

Em 1978, foi eleito deputado estadual à Assembleia Legislativa do Estado da Bahia, tendo declarado que "tanto a política quanto a poesia são artes de criação a serviço da liberdade plena".

Tem seus trabalhos publicados em revistas de circulação nacional e internacional, como a revista do CEAS (Centro de Estudos e Ação Social); a *Exu*, editada pela Fundação Casa de Jorge Amado; a *Quinto Império* – Revista de Cultura e Literatura de Língua Portuguesa – Gabinete Português de Leitura; *Iararana* – Revista de Arte, Crítica e Literatura

(Bahia). Revistas *Anto* e *Saudade,* de Portugal e *Revista da Academia de Letras da Bahia,* Número 48, dez. 2008.

Para marcar os 40 anos da edição do Ato Institucional número 5, o jornalista Ricardo Noblat enviou em 13 dezembro de 2008, para seu Blog da Rede Globo – Seção – Poema da Noite: a íntegra do texto de *O Som dos Cavalos Selvagens,* com realce dos seguintes dizeres "Poema censurado pela ditadura militar de 1964"; o jornal*A Tarde,* em matéria contextualizada e assinada pela jornalista Cássia Candra, em 5/09/09, Segundo Caderno, cobertura fotográfica, sobre o mesmo poema (Blog: *Bahia de Fato,* de Oldack Miranda).

A partir de 1986, descobriu novos talentos, começando a compor letras de música popular, com parceria de Fábio Paes e do carioca Augusto Vasconcelos.

Impresso em São Paulo, SP, em setembro de 2010,
com miolo em chamois fine 80 g/m^2,
nas oficinas da Graphium.
Composto em Adobe Jenson Pro, corpo 14 pt.

Não encontrando esta obra nas livrarias,
solicite-a diretamente à editora.

Escrituras Editora e Distribuidora de Livros Ltda.
Rua Maestro Callia, 123
Vila Mariana – São Paulo, SP – 04012-100
Tel.: (11) 5904-4499 / Fax: (11) 5904-4495
escrituras@escrituras.com.br
vendas@escrituras.com.br
imprensa@escrituras.com.br
www.escrituras.com.br